GEISTIGE VERSKLAVUNG: DIE MANIPULATION DURCH RELIGIONEN –
RELIGIONEN WURDEN ERSCHAFFEN UM MENSCHEN ZU KÖDERN, ZU FÜHREN, ZU PROGRAMMIEREN UND GEISTIG ZU BEHERRSCHEN

Aufklärung wie Religionen funktionieren: Religionspsychologie, Religionssoziologie und Religionsphilosophie

Thomas B. Reichert

"Was wäre, wenn alles, was du als Wahrheit wahrnimmst, eine große Lüge ist?"

Das Buchcover zeigt einen Marmorkopf eines Menschen, der durch goldene Ketten fixiert ist. Diese Darstellung symbolisiert die geistige Versklavung der Menschheit. Die Verwendung von Marmor als Material für den Kopf verweist auf die klassische Antike, die oft als Symbol für Weisheit und Wissen gesehen wird. Die goldenen Ketten, die den Kopf umschließen und fixieren, stehen im starken Kontrast zu dem edlen Material und deuten auf eine paradoxe Situation hin: Obwohl Gold oft für Wert und Reichtum steht, wird es hier als Mittel der Unterdrückung und Begrenzung eingesetzt.

Die goldenen Ketten fixieren den Kopf jedoch nicht nur, sie umschließen ihn auch vollständig. Dies symbolisiert die umfassende und allumfassende Natur der geistigen Versklavung, die den Geist in jeder Richtung einengt und einschränkt, wodurch ein vollständiger Verlust an intellektueller Freiheit und Selbstbestimmung entsteht. Die Augen der Marmorfigur sind zu, dies zeigt auf, dass der Mensch seine eigene Begrenztheit und Unfreiheit nicht erkennt. Die schweren Ketten lasten auch auf den Ohren und den Augen, was darauf hinweist, dass der Mensch nicht nur blind gegenüber seiner eigenen Versklavung ist, sondern auch taub gegenüber den Stimmen der Vernunft und der Wahrheit, die ihn aus seiner Misere befreien könnten. Die Darstellung erinnert uns daran, dass wahre Freiheit nur durch das Erkennen und Überwinden unserer geistigen Fesseln erreicht werden kann.

GEISTIGE VERSKLAVUNG: DIE MANIPULATION DURCH RELIGIONEN

WISSEN, WIE MAN MENSCHEN KÖDERN, FÜHREN, FORMEN UND GEISTIG BEHERRSCHEN KANN

Thomas B. Reichert

"Man kann nur jemanden manipulieren, wenn er nicht erkennt, dass er manipuliert wird."

Bibliografische Information der Deutschen Nationalbibliothek: Die Deutsche Nationalbibliothek verzeichnet diese Publikation in der Deutschen Nationalbibliografie; detaillierte bibliografische Daten sind im Internet über dnb.dnb.de abrufbar.

Verlag: BoD • Books on Demand GmbH, In de Tarpen 42, 22848 Norderstedt
Druck: Libri Plureos GmbH, Friedensallee 273, 22763 Hamburg

ISBN: 978-3-7597-4957-4

Kontroversen sind der Motor des wissenschaftlichen (und geistigen) Fortschritts!

Kontroverse Ideen können dazu beitragen, Denkanstöße zu geben und neue Perspektiven zu eröffnen, was letztendlich zu einer Weiterentwicklung der Gesellschaft beitragen kann.

Kontroversen können dazu beitragen, unser Denken und unsere Perspektiven zu erweitern und zu schärfen. Durch den Austausch von verschiedenen Standpunkten und Meinungen können wir unser Wissen vertiefen und neue Erkenntnisse gewinnen. Zudem fördert die Diskussion von kontroversen Themen die kritische Auseinandersetzung mit verschiedenen Ansichten und kann dazu beitragen, dass wir unsere eigenen Vorurteile und Annahmen überdenken und hinterfragen.

IMPRESSUM

VORWORT

Liebe Leser,

in den Tiefen der menschlichen Geschichte haben Religionen eine faszinierende und oft kontroverse Rolle gespielt. Sie haben Trost gespendet, Hoffnung geschaffen und Gemeinschaften geformt. Gleichzeitig haben sie auch Fragen aufgeworfen, Unsicherheiten geschaffen und mitunter Manipulation und Kontrolle betrieben. <u>Ja, Millionen von Menschen sind durch die abrahamitischen Religionen umgekommen.</u>

Dieses Buch widmet sich einem ebenso wichtigen wie komplexen Thema: der Manipulation von Menschen durch Religionen. Es untersucht die vielschichtigen Strategien und Mechanismen, die religiöse Führer und Institutionen früher eingesetzt haben und noch heute einsetzen, um Anhänger zu ködern, zu führen, zu formen und zu beherrschen. Dabei werden wir tief in die psychologischen, sozialen und emotionalen Aspekte eintauchen, die eine solche Beeinflussung ermöglichen.

Meine Absicht mit diesem Buch ist es nicht, religiöse Lehren zu erklären oder die biblischen Geschichten als ausgedachte, mehrdeutige Texte zu enttarnen, dies habe ich schon in meinen letzten drei Büchern getan. Vielmehr möchte ich einen kritischen Blick auf die Manipulationstaktiken werfen, die innerhalb religiöser Gruppen auftreten. Wir erkunden die Methoden, die verwendet wurden, um die Gedanken, Emotionen und Handlungen unserer Mitmenschen zu lenken, und setzen uns mit den ethischen Implikationen dieser Praktiken auseinander.

Dieses Buch ist eine Einladung zur Reflexion, zur kritischen Analyse und zur offenen Diskussion. Es soll dazu anregen, über die Machtstrukturen nachzudenken, die in religiösen Gemeinschaften entstehen, und darüber, wie sie individuelle Autonomie und Freiheit beeinflussen können. Ich möchte nicht nur das Bewusstsein für mögliche Manipulation wecken, sondern auch dazu ermutigen, eine informierte und bewusste Beziehung zur eigenen geistigen Reise zu entwickeln.

Es ist mein Ziel, Ihnen Werkzeuge zu geben, um Manipulation zu erkennen, kritisch zu hinterfragen und selbstbestimmt zu handeln. Ich hoffe, dass dieses Buch dazu beiträgt, eine Atmosphäre des Dialogs, der Toleranz und des gegenseitigen Verständnisses zu schaffen. Eine Atmosphäre, in der wir gemeinsam daran arbeiten können, die Grenzen zwischen geistiger Versklavung und Indoktrination zu verstehen.

Ich lade Sie hiermit ein, auf eine Reise der Erkenntnis und Selbstreflexion zu gehen, während ich die verborgenen Mechanismen hinter der Manipulation durch Religionen aufdecke. Möge dieses Buch dazu beitragen, Ihre Gedanken anzuregen und Ihnen dabei helfen, informierte Entscheidungen über Ihren induzierten kollektiven Wahn (Glauben) und Ihre Beziehung zu dem Macht- und Herrschaftsinstrument "Religionen" zu treffen.

Thomas B. Reichert
progressiver Religionswissenschaftler

Unbequeme Fragen zum Christentum und unserer Gesellschaft – Religionsforschung ohne Schere im Kopf: Tabus brechen, Fragen stellen, Erkenntnisse gewinnen

Die Disziplin der Religionswissenschaft spielt eine essenzielle Rolle in unserer Gesellschaft, da sie uns hilft, die Vielfalt der religiösen Phänomene zu verstehen, historische Entwicklungen zu analysieren und kulturelle Einflüsse zu erkennen. Damit die Religionswissenschaft jedoch effektiv sein kann, muss sie sich immer wieder unangenehmen Fragen stellen, die oft unbequem sind und an den Grundfesten unserer Annahmen über Religion und unsere Gesellschaft rütteln.

Fragen sind das Herzstück der Religionswissenschaft. Sie leiten Forschungsprozesse ein, führen zu Hypothesen und ermöglichen es, Antworten zu finden, die unser Verständnis von Religion erweitern. Die Religionswissenschaft darf nicht vor Fragen zurückschrecken, nur weil sie möglicherweise unbequeme Antworten ans Licht bringen könnte. Tatsächlich sind es oft gerade diese Fragen, die zu den bedeutendsten Erkenntnissen über religiöse Phänomene führen.

Es ist wichtig, dass die Religionswissenschaft nicht stehen bleibt, sondern sich kontinuierlich weiterentwickelt. Gesellschaftliche Veränderungen und neue Forschungsansätze erfordern eine ständige Anpassung der Themen und Methoden. Dabei müssen auch kontrovers diskutierte oder von manchen als tabu empfundene Themen im Bereich der Religion aufgegriffen werden. Stagnation kann zu einem Rückschritt führen und den Weg für neue Ideen und Erkenntnisse versperren.

Die Religionswissenschaft muss die Hand in die Wunde legen, das heißt, sie sollte sich den drängenden Problemen im Bereich der Religion stellen und sich nicht scheuen, unbequeme Realitäten aufzudecken. Sei es die Auseinandersetzung mit problematischen Aspekten bestimmter Glaubensrichtungen, Fragen zur Rolle von Religion in der Politik oder zur gesellschaftlichen Relevanz religiöser Bewegungen – die Religions-wissenschaft hat die Verantwortung, diese Themen kritisch zu beleuchten und differenzierte Einsichten zu liefern.

Die Menschheit und die Gesellschaft als Ganzes können nur durch eine tiefgehende Untersuchung der religiösen Phänomene und Entwicklungen vorankommen. Die Religionswissenschaft spielt eine maßgebliche Rolle dabei, diese Entwicklung voranzutreiben. Dies bedeutet auch, dass die Forschung nicht in einer Blase stattfinden sollte, sondern einen direkten Bezug zur Gesellschaft und ihrem Umgang mit Religion haben muss. Die Erkenntnisse und Erklärungen sollten in den gesellschaftlichen Diskurs einfließen und für ein besseres Verständnis unserer Gesellschaft sorgen.

Eine Schere im Kopf, das Vermeiden oder Unterdrücken von bestimmten Fragen oder Ideen im Zusammenhang mit Religion aus Angst vor möglichen Konsequenzen, steht im Widerspruch zu den Prinzipien der Wissenschaft. Religionswissenschaftler sollten die Freiheit haben, ihre Forschung ohne Einschränkungen oder Zensur durchzuführen. Natürlich muss dabei die ethische Verantwortung gewahrt bleiben, aber eine ehrliche und offene Auseinandersetzung mit Themen ist unabdingbar.

Insgesamt spielt die Religionswissenschaft eine zentrale Rolle dabei, unser Verständnis religiöser Phänomene zu erweitern und zu einem tieferen Einblick in die Vielfalt der Religionen beizutragen. Unangenehme Fragen zu stellen, sich mit unbequemen Themen auseinanderzusetzen und sich nicht von Tabus einschränken zu lassen, sind wesentliche Bestandteile dieses Prozesses. Nur so kann die Religionswissenschaft ihre volle Kraft entfalten und zu einem positiven Beitrag für ein besseres Verständnis in unserer Gesellschaft beitragen.

Progressive* Religionswissenschaft – 10 Thesen über die abrahamitische Religionen (*fortschrittlich, fortschreitend)

Religionen basieren nicht auf Glauben oder Aberglauben – sie sind logisch konstruierte Irrlehren – Macht- und Herrschaftsinstrumente.

Heilige Texte:

Die biblischen Texte (incl. Tora und Koran) sind fiktional, man muss diese besonderen Schriften (Heilige Schriften) wie die Schriften der römischen, griechischen oder ägyptischen Mythologie auslegen, also abstrakt, symbolisch, allegorisch, metaphorisch. Symbolzahlen (3, 7, 12, 40) zeigen auf, dass die Texte ausgedacht sind und eine tiefere Ebene haben.

Figuren in heiligen Schriften:

Die Figuren in "Heilige Texte" sind meistens Personifikationen von Dinge (die Weisheit, das Böse …) oder Personifikationen von Menschengruppen (das Volk, der Machthaber, die gutgläubigen Menschen, die Priester …) Beispiel: Die Mosesfigur ist eine Personifikation des religiösen Führers. Die Johannesfigur ist eine Personifikation der verdeckten Weisheit. Die Jesusfigur eine Personifikation der Natur, des Lebens, der Menschheit … je nach Titel (Jesus, Christus, Messias …) variieren die Personifikationen und stehen für die Menschheit, die Gelehrten oder die ehrlichen und aufrichtigen Menschen. Die Namen der Figuren geben oft Hinweise, um was für eine Personifikation es sich handelt. Manche Figuren stellen sich auch selbst vor, so z. B. die Jesusfigur in den "Ich-bin-Worten".

Themen der heiligen Schriften:

Die Themen der mehrdeutigen Schriften sind meist einfache Weisheiten über Lichtenergie, Materie, Information, Leben/Natur und Herrschaftswissen – Wissen, wie man Menschen ködern, führen, formen, trösten und schlussendlich je nach sozialem Status programmieren und nutzen kann. Die Geschichtensammlungen starten meist mit einer Entstehungsgeschichte und enden mit der Aufklärung der größten Lüge der Welt, die Aufklärung der eigenen Religion.

Götter:

Götter sind fiktionale Figuren, es sind Personifikationen von Dinge (Sonne, Mond, Natur, Weisheit ...), diese werden als Personen gedacht, bekommen einen Namen, ein Aussehen, ein Charakter und drumherum werden Geschichten geschrieben. Die Hauptgötter der Menschen waren Personifikationen der Sonne bzw. Personifikationen des Himmels (incl. Sonne), in Arabien wurde meist der Mond personifiziert. Die Hauptgöttin der Menschheit waren Personifikationen der Erde oder der Natur. Götter wurden zumeist von Machthabern oder Priester erschaffen.

Alleingötter:

Ein Alleingott (JHWH, Gott, Allah ...) ist eine ausgedachte Figur. Alte Alleingötter (Aton, Ahura Mazda ...) waren Personifikationen der Lichtenergie (das Immaterielle) und damit kann man natürlich alles sagen und dem einfachen Menschen ein kollektives Über-Ich generieren – einen Wahn induzieren. Alles, was der Machthaber bzw. die Priester wollten, sagte die Gottesfigur z. B. "Gehorche deinem Machthaber", "bleibe in deiner sozialen Kaste", "folge deinem Priester", "Frauen sollen sich Männern unterordnen", "das Leid der einfachen Menschen ist positiv", "wenn du glaubst, bist du ein guter Mensch".

Religionen:

Die abrahamitischen Religionen basieren nicht auf Glauben oder Aberglauben, es sind logisch konstruierte Irrlehren, wobei das Volk desinformiert, desorientiert, manipuliert wird und in einem induzierten kollektiven Wahn leben darf. Dieser Wahn wird dem einfachen Menschen als etwas Positives dargestellt.

Kirchen:

Kirchen sind hierarchische Sozialstrukturen, wobei es hier unterschiedliche Wissens- und Interessensstufen gibt, je nach sozialem

Status. Der Intelligente täuscht seine Mitmenschen und will diese führen, formen, trösten, programmieren und schlussendlich von diesen profitieren. Je nach sozialer Kaste gibt es auch hier unterschiedliche Philosophien.

Dogmen:

Dogmen sind Lehrsätze und zeigen auf, was wirklich stimmt – auf einer anderen Ebene. Als Beispiel wird kurz die Trinität erklärt:

• Gottvater: Vater Sonne – in der bildenden Kunst ein alter Mann.
• Heiliger Geist: Sonnenlicht – die besondere Kraft "Sonnenlicht" macht durch Fotosynthese die Natur lebendig.
• Gottessohn: Personifikation der Natur, der Menschheit, das Leben.

Gott ist also nichts anderes als die Personifikation der Lichtenergie. Alles drei (Sonne, Sonnenlicht und Natur) ist Lichtenergie. Die Lichtenergie (das Immaterielle) ist überall und hat alles erschaffen.

Apokalypse:

Das letzte Buch der Bibel ist eine Offenlegungsschrift über die Geschichte der Menschheit, der Religionen und insbesondere die Geschichte der Religionen vom Anfang bis zum Ende und darüber hinaus. In diesem Steganogramm (verdecktes Schreiben) wird unter anderem auch die Ideologie des Christentums erklärt. (Solange sich das Volk betrügen lässt, ja, solange wird es belogen und betrogen.)

Die Schrift "Offenbarung des Johannes" ist auch gleichzeitig der Schlüssel zum Verstehen der Bibel, hier werden Symbole, Figuren und Handlungen des Alten- und Neuen Testaments erklärt.

Wollen Sie das letzte Buch der Bibel und somit die ganze Bibel rational verstehen? Dann empfehle ich Ihnen das Buch **"Das Lamm entsiegelt die Offenbarung des Johannes".**

Philosophie und Soziologie:

Je nach sozialem Status gibt es in den Religionen unterschiedliche Lehren. Die unterste Schicht bekommt einen kollektiven Wahn induziert, wobei dieser Wahn dem Volk als etwas Positives dargestellt wird. Einige Menschen werden zu Mitläufern und Heuchlern erzogen, diese Menschen möchten meist nur Feste feiern, werden vom Brimborium angelockt und wollen sich als positiven Menschen darstellen. Wieder andere Menschen verstehen einige Weisheiten und denken, dass sie besonders intelligent wären. Einige Priester denken, dass sie Menschen führen und verkaufen sich als guten Hirten. In der obersten Schicht geht es jedoch um Macht, um Herrschaft – Herrschaft über Menschen, diese geistig zu versklaven, Menschen geistig kleinzuhalten. Die böse Naturrechtslehre krönt das Christentum. Die These der bösen Naturrechtslehre ist, dass eine Gesellschaft nicht nur intelligente Menschen, sie braucht auch Menschen, die sich unterordnen und das tun, was der Intelligente möchte. Der geistig Überlegene darf den einfachen Menschen beherrschen und nutzen, solange sich der einfache Mensch "freiwillig" unterordnet – der Mensch hat doch einen freien Willen (Rechtfertigungslehre).

Damit man dem Volk diesen Wahn induzieren kann, bekommen Kinder in staatlichen Schulen eine Gehirnwäsche verpasst, indem ausgedachte mehrdeutige Geschichten (Mythologie) als Realgeschichte dargeboten wird. → Gaslighting!

Dieser induzierte kollektive Wahn wird dem einfachen Volk als etwas Positives verkauft – der geistige Tod (Glauben) wird glorifiziert. Damit das einfache Volk diese Ideologie nicht hinterfragt, wird Geschichte gefälscht und Wissen zensiert.

Ja, unsere Gesellschaft lebt aktuell in einem induzierten kollektiven Wahn, welcher im Mittelalter erschaffen wurde, um das Volk je nach sozialer Stufe zu beherrschen. Das Christentum bzw. die abrahamitischen Religionen sind logisch konstruierte Irrlehren – Macht- und Herrschaftsinstrumente, es ist die Kunst, Menschen geistig zu versklaven.

In meinen publizierten Büchern erkläre ich diese Thesen ausführlich. Unter anderem erkläre ich die hermeneutischen Regeln (Symbole, Symbolzahlen, Personifikationen ...) als auch die rationale Exegese (Auslegung) der mehrdeutigen Texte sowie die Weisheiten, Bosheiten, Philosophien und verschiedene Wissensstufen ...

Wollen Sie mehr über das "Geheimwissen" der abrahamitischen Religionen erhalten? Wollen Sie wissen, was ein Alleingott ist? Wollen Sie die Trinität und alle wichtigen Dogmen rational verstehen? Dann empfehle ich Ihnen mein Buch "Gottesoffenbarung – Aufklärung Gott und Christentum".

Oder wollen Sie die ausgedachten biblischen Texte rational verstehen? Wollen Sie die Personifikationen, die Symbole, Symbolzahlen, ... also die Hermeneutik (Regeln der Auslegung) und die rationale Auslegung der wichtigsten Texte (Exegese) des Alten- und Neuen Testaments verstehen? Dann empfehle ich Ihnen mein Buch "Handbuch zur rationalen Bibelauslegung".

Eine kleine Vorgeschichte – Der Hirte und die Schafe

In einer symbolträchtigen Landschaft, die von einem weitläufigen Tal bis zu den Gipfeln des Himmels reichte, weidete eine Herde von Schafen. Diese Schafe waren die Glaubenden selbst, die in ihrer Suche nach Sinn und Erleuchtung wie kleine Lichter aufleuchteten. Ihre Herzen schlugen im Rhythmus der Fragen und Hoffnungen, die in der Brise der geistigen Landschaft wehten.

Doch mitten unter ihnen erhob sich ein imposanter Hirte empor, der Hirte, der zugleich der Leithammel war, dessen Aura aus Manipulation und eigennütziger Macht bestand. Er verkörperte den Profiteur, der die Essenz des Glaubens für seine eigenen Zwecke nutzte. Seine Worte waren wie grünes Gras, die er den Schafen vor die Nase hielt, um sie gefügig zu machen. Je mehr Schafe er gewinnen konnte, desto tiefer wuchs sein Reichtum und Einfluss. Seine Gier kannte keine Grenzen, und er hegte den Plan, die Schafe auszunutzen, wie ein rücksichtsloser Geschäftsmann, der auf Kosten der Naivität anderer Gewinne erzielt.

Um seinen Einfluss zu sichern, setzte der Hirte einen Schäferhund ein, dessen Vorfahren einst die gefürchtete Wölfe waren. Dieser Schäferhund war die personifizierte Angst, ein Schattenwesen, das zwischen den Schafen und ihrem inneren Gleichgewicht lauerte. Mit einem Knurren und einem geisterhaften Heulen trieb der Schäferhund die Schafe in Richtung des Leithammels. Der Schäferhund war die Verkörperung der Angst, der finsteren Macht, die über den Köpfen der Gläubigen schwebte.

Das schwarze Schaf, ein lebendes Rätsel inmitten der Herde, ragte aus der Menge hervor. Ein Rebell in einem Meer der Konformität, dessen Gedanken wild und ungezähmt wie der Wind waren. Es wagte es, Fragen zu stellen und Zweifel zu äußern, was es zu einem Unruhestifter in den Augen des Hirten, des Leithammels und des Schäferhundes machte. Der Schäferhund richtete sein Knurren oft auf dieses abweichende Schaf, um es in die Reihe zu zwingen und seine rebellischen Gedanken einzudämmen.

Der Schäfer selbst spielte eine doppelte Rolle – er war sowohl der Führer, welches sich selbst als Leithammel sah, als auch ein knallharter Geschäftsmann. Seine Aufgabe bestand darin, die Schafe zu hüten und auf den Pfaden des Glaubens zu leiten. Doch gleichzeitig sah er in den Schafen eine Ressource, die es auszunutzen galt. Er betrachtete die Schafe wie eine Goldmine, die geschoren und gemolken werden konnte. Und schließlich, in einem beunruhigenden Höhepunkt, plante er sogar, sie zu opfern und auszuschlachten, um seinen eigenen Reichtum zu maximieren.

Die Hirten, die auch als Pastoren (lat. Hirte) bekannt waren, waren die Hirten der Gedanken- und Gefühlswelten der Schafe. Einige von ihnen gaben aufrichtig alles, um die Schafe zu leiten und zu inspirieren. Doch wie in jedem System gab es auch solche, die in die Fußstapfen des Leithammels traten, ihren eigenen Vorteil suchten und die Schafe manipulierten.

Die Schafe glaubten, dass sie ihren eigenen Willen hatten, dass ihre Gedanken und Entscheidungen unabhängig waren. Doch unbemerkt von ihnen wurde ihr Wille von den subtilen Einflüssen des Leithammels gelenkt, der seinerseits von den inspiriert wurde, die über ihm standen – dem Eigentümer der Schafe. Es war ein Netz von Macht, das sich unauffällig über die Herde spannte.

Der Hirte führte die Schafe mit einer Kombination aus Verlockung und Drohung – einer Taktik, die allgemein als Zuckerbrot und Peitsche bekannt ist. Er präsentierte ihnen saftiges, grünes Gras als Belohnung für ihre Folgsamkeit. Doch wenn ein Schaf sich von dem vorgegebenen Weg abwandte, sandte der Hirte den Schäferhund, der wie ein Schatten der Angst über die Herde lag, um das Schaf, welches auf Abwegen ist, wieder in den Schoss der Herde zu treiben. Der Schäferhund verkörperte die konstante Bedrohung, die sie daran erinnerte, dass die Welt außerhalb der vorgegebenen Grenzen gefährlich war.

Der Hirte erhob seine Stimme sanft über die weiten Ebenen, während die jungen Lämmer um ihn herum versammelt waren. "Folge dem guten Hirten," flüsterte er, seine Worte wie der kühle Hauch des Morgentaus in die Ohren der Lämmer, während er das frisch geschliffene Messer in seiner linken Hand verbarg.

Wenn der Schäferhund seine Arbeit gut verrichtete, erkannte der Hirte seine Treue. Am flackernden Lagerfeuer, das die Dunkelheit durchdrang, gab der Hirte dem Schäferhund seine Belohnung — Fleisch, das den Geruch von Schaf trug. Dieses schaurige Ritual war ein Akt der Anerkennung für den Schäferhund, der als Werkzeug der Angst die Ordnung aufrechterhielt, die der Hirte begehrte.

In dieser scheinbar harmonischen Szenerie — mit grünen Weiden und friedlichen Schafen — offenbarte sich eine komplexe Dynamik von Manipulation und Kontrolle. Die Schafe, die Glaubenden, wurden von den unsichtbaren Fäden des Leithammels, des Schäfers gelenkt. Der Leithammel, ein Meister der Manipulation, nutzte die Gier und die Bedürfnisse der Herde aus, während der Schäferhund, einst ein wilder Wolf, die Angst verkörperte, die die Schafe in Schach hielt. Der Schäfer selbst agierte als Lenker der Herde, der bereit war, sowohl die Belohnung als auch die Strafe auszuteilen, um seine Autorität aufrechtzuerhalten.

In dieser komplexen Kulisse aus Glauben, Macht und inneren Kämpfen ragte das schwarze Schaf als faszinierender Außenseiter hervor. Ein Symbol für diejenigen, die sich den vorherrschenden Normen widersetzen, war es das lebende Zeugnis für die Tatsache, dass selbst in der Einheit der Herde Individualität und Fragestellungen ihren Platz haben. Doch für seine Abweichung von der Herde wurde das schwarze Schaf oft Ziel des Schäferhundes. Dieser schrille Wächter der Konformität knurrte bedrohlich und zwang das abtrünnige Schaf in die Linie.

Diese Metapher enthüllt ein faszinierendes Geflecht aus Motiven und Kräften. Die Schafe, unwissend von den Fäden der Manipulation, wähnten sich in Kontrolle über ihren eigenen Willen, während der Leithammel die Fäden zog, die von den inspiriert waren, die höher in der Hierarchie standen. Die Schafe wurden von einem düsteren Schäferhund kontrolliert, der einst der wilde Wolf war, und wurden von einem Hirten gelenkt, der in einem zweiseitigen Streben nach geistiger Führung und profanem Gewinn verstrickt war. Die Priester köderten die Schafe mit grünem Gras, um diese dann anschließend zu scheren, zu melken und schlussendlich zu schlachten.

Und inmitten dieses Spannungsfelds erinnerte das schwarze Schaf an das Wesen der Individualität und die Fähigkeit, Fragen zu stellen. Es stand stellvertretend für all jene, die sich von den vorgegebenen Pfaden entfernen und somit die fragile Balance zwischen Freiheit und Kontrolle herausfordern. Die Metapher enthüllte die Nuancen menschlicher Motivationen und Ängste, während die Schafe zwischen den Versprechen des Grüns und dem Knurren des Schäferhundes balancierten, immer auf der Suche nach jener wahren geistigen Erfüllung, die jenseits der dunklen Schatten der Manipulation lag.

Erklärung:
Hirte = Pastor (lat. Hirte)
Leithammel = Priester (spielt den Glauben vor)
Schafe = das Volk
schwarze Schaf = der Rebell
Schäferhund (Wolf) = die Angst
Eigentümer der Schafe = der Herrscher
grünes Gras = die geistige Nahrung
Glauben = der induzierter kollektive Wahn
symbolträchtige Landschaft = unsere Welt

Eine desinformierte und manipulierte Gesellschaft
(Chat mit einem Philosophen)

In einem Chat hatte ich die Möglichkeit, einen Philosophen 2 Fragen zu stellen, dieser Chat war auch der Ausgangspunkt zu diesem Buch.

Ich: Stellen Sie sich einmal folgendes Szenario vor: In einem fiktiven Land werden Kinder in staatlichen Schulen gezielt desinformiert, desorientiert und manipuliert, indem ausgedachte Geschichten als historische Fakten präsentiert werden. In Klassenzimmern und Gerichtssälen ist das Symbol der Ideologie angebracht, welches sich über die Dummheit der einfachen Menschen lustig macht. In dem Land wird Geschichte gefälscht und Wissen zensiert. Zusätzlich werden die Bürger durch halbstaatliche Medien indirekt desinformiert. Interessanterweise wird diese Desinformation auch durch Gesetze geschützt und gefördert. Jeder der in dieser Desinformation mitmacht, möchte von diesem Konstrukt profitieren. Ja, es gibt sogar Hochschulen, indem (verdeckt) gelehrt wird, wie man das Volk desinformiert, desorientiert und manipuliert. Was halten Sie von diesem Land?

Philosoph: Der beschriebene Zustand des Landes ist äußerst besorgniserregend. Eine solche Situation hat ernsthafte Auswirkungen auf die Freiheit, das Wissen und die Entwicklung der Menschen in diesem Land. Es untergräbt die Grundlagen einer offenen und informierten Gesellschaft, in der kritisches Denken, Wahrheitsfindung und freier Zugang zu Informationen geschätzt werden. Ein Land, in dem gezielt Desinformation verbreitet, die Wahrheit verfälscht und die Bürger manipuliert werden, ist ein Ort, der fundamentale Prinzipien der Bildung, Demokratie und Freiheit untergräbt.

Angesichts dieses Szenarios könnte man besorgt über die Funktionsweise dieses Landes sein. Die gezielte Desinformation und Manipulation von Kindern in staatlichen Schulen ist eine gefährliche Entwicklung, die das Fundament einer demokratischen Gesellschaft untergraben kann. Das Recht auf Bildung und Wissen sollte unabhängig von politischen oder sozialen Interessen gewährleistet sein, um freies Denken und eine aufgeklärte Bürgerschaft zu fördern.

Wenn Kinder in staatlichen Schulen desinformiert, desorientiert und manipuliert werden, wird ihre Fähigkeit beeinträchtigt, die Welt um sie herum zu verstehen und fundierte Entscheidungen zu treffen. Die Verbreitung ausgedachter Geschichten als Realgeschichte stellt eine Verfälschung der Geschichte und eine Manipulation der kollektiven Erinnerung dar. Dies beeinflusst das Verständnis der Menschen für ihre Identität, ihre Kultur und die historischen Ereignisse, die ihr Land geprägt haben.

Ein Land, in dem Kinder in staatlichen Schulen absichtlich desinformiert, desorientiert und manipuliert werden, ist äußerst besorgniserregend. Eine funktionierende Bildung ist von grundlegender Bedeutung, um das Verständnis der Menschen für die Welt zu fördern, ihnen kritisches Denken beizubringen und sie zu befähigen, informierte Entscheidungen zu treffen. Wenn dies absichtlich verzerrt wird, um eine bestimmte Agenda zu fördern, schadet dies nicht nur den Kindern, sondern auch der Gesellschaft als Ganzes.

Das Vorhandensein eines Symbols der Ideologie in Klassenzimmern und Gerichtssälen ist ein weiteres besorgniserregendes Element in dem von Ihnen beschriebenen Szenario. Symbole einer Ideologie, die sich über die Dummheit der einfachen Menschen lustig macht, könnte als eine Form der psychologischen Manipulation dienen, um die Bürger zu beeinflussen und zu demütigen.

In Klassenzimmern sollte die Umgebung neutral und förderlich für objektives Lernen sein. Das Vorhandensein eines solchen Symbols könnte dazu führen, dass Schülerinnen und Schüler in eine ideologische

Richtung gelenkt werden, anstatt die Möglichkeit zu haben, Informationen objektiv zu bewerten und kritisches Denken zu entwickeln.

In einem demokratischen Rechtsstaat sollten Gerichtssäle neutrale und gerechte Orte sein, in denen Gesetze und Gerechtigkeit ohne Einfluss von Ideologien oder politischen Agenden angewendet werden. Das Vorhandensein eines ideologischen Symbols in Gerichtssälen könnte das Vertrauen in die Rechtssysteme untergraben und Zweifel an der Unparteilichkeit der Justiz wecken.

Insgesamt ist die Verwendung von Symbolen der Ideologie in Bildungs- und Justizinstitutionen problematisch und könnte die Integrität dieser Einrichtungen gefährden. In einer demokratischen Gesellschaft sollten Bildung und Rechtssysteme unabhängig, gerecht und frei von ideologischen Einflüssen sein.

Die Tatsache, dass die Kultusministerien infiltriert wurden und die Lehrpläne darauf ausgerichtet sind, Kinder zu desinformieren, desorientieren und zu manipulieren, ist ein weiterer beunruhigender Aspekt. Wenn Macht missbraucht wird, um eine ideologische Agenda zu verfolgen und den Lehrplan zu beeinflussen, geht dies zu Lasten der Bildung und der objektiven Wissensvermittlung.

Das Fälschen von Geschichte und die Zensur von Wissen sind ebenfalls äußerst problematisch. Geschichtliche Fakten und das Verständnis der Vergangenheit sind entscheidend, um aus den Fehlern und Erfolgen vergangener Generationen zu lernen. Wenn diese Informationen bewusst manipuliert werden, um eine bestimmte Sichtweise zu fördern oder zu verschleiern, wird die Grundlage für ein fundiertes Verständnis der eigenen Geschichte untergraben.

Die Manipulation durch halbstaatliche Medien verstärkt diese Probleme zusätzlich. Medien sollten eine unabhängige Rolle spielen, indem sie

Fakten präsentieren, verschiedene Perspektiven berücksichtigen und eine informierte öffentliche Diskussion fördern. Wenn die Medien jedoch unter der Kontrolle der herrschenden Elite stehen und als Werkzeug der Desinformation dienen, wird die Möglichkeit einer freien Meinungsäußerung und eines offenen Austauschs von Ideen stark eingeschränkt.

Das Einbeziehen von Hochschulen in die Desinformationskampagne verstärkt die Probleme, die bereits im Schulsystem existieren. Hochschulen sollten ein Ort des akademischen Fortschritts, der intellektuellen Offenheit und des kritischen Denkens sein. Wenn jedoch die Desinformation und Manipulation, die in den staatlichen Schulen stattfinden, bis in die Hochschulen reicht, wird die Integrität des Bildungssystems weiter untergraben. In einer solchen Situation würden Hochschulen an Glaubwürdigkeit verlieren und wären nicht mehr in der Lage, das Wissen und die Fähigkeiten zu vermitteln, die für eine informierte und produktive Gesellschaft erforderlich sind. Die Studierenden würden möglicherweise mit verzerrten Informationen und ideologischen Vorurteilen konfrontiert, was ihre Fähigkeit zur freien Meinungsäußerung, zum kritischen Denken und zur Entwicklung eines breiten intellektuellen Horizonts beeinträchtigt.

Darüber hinaus würde eine solche Beeinflussung der Hochschulen dazu führen, dass die Forschung und der wissenschaftliche Fortschritt eingeschränkt werden. Wissenschaftliche Institutionen sollten unabhängig und frei von politischer Einflussnahme sein, um objektive Erkenntnisse und neue Erkenntnisse zu fördern. Wenn jedoch Ideologie und Desinformation die Forschungsergebnisse beeinflussen, kann dies zu einem Verlust an Glaubwürdigkeit und zur Verzerrung des Wissens führen.

Insgesamt würde die Infiltration der Desinformation bis in die Hochschulen die Bildung und den Wissenserwerb ernsthaft gefährden. Es ist von entscheidender Bedeutung, dass Hochschulen ein Umfeld bieten, das auf Wahrheit, kritischem Denken und intellektueller Freiheit basiert, um die Entwicklung von qualifizierten und aufgeklärten Bürgern zu fördern.

Insgesamt ist das hypothetische Land, das Sie beschrieben haben, von Manipulation, Desinformation und Missbrauch von Macht durchzogen. Eine solche Situation würde zu einem Mangel an Bildung, einem eingeschränkten Zugang zu Wissen, einer fehlenden Vielfalt an Ideen und einer Unterdrückung der individuellen Freiheit führen. Es ist wichtig, dass Bildungssysteme, Medien und politische Institutionen auf Transparenz, objektive Informationen und demokratische Prinzipien basieren, um eine fundierte und freie Gesellschaft zu gewährleisten.

Ich: Was sollten die Menschen in diesem Land tun?

Philosoph: Es ist wichtig, eine Gesellschaft zu fördern, die auf dem Respekt vor individuellen Rechten und Freiheiten, kritischem Denken, Meinungsvielfalt und dem Streben nach Gerechtigkeit basiert. Eine starke Demokratie und ein Bildungssystem, das kritisches Denken und informierte Entscheidungsfindung fördert, sind wesentliche Elemente, um sicherzustellen, dass die Stimmen und Bedürfnisse aller Mitglieder der Gesellschaft berücksichtigt werden.

Wenn die Menschen in einem Land in staatlichen Schulen desinformiert, desorientiert und manipuliert werden, wenn Geschichte gefälscht und Wissen zensiert wird und die staatlichen Medien die Menschen desinformieren, ist es schwierig, die Wahrheit zu finden und fundierte Entscheidungen zu treffen.

Es gibt jedoch Schritte, die die Menschen in diesem Land unternehmen können, um ihre Situation zu verbessern:

→ **Zugang zu unabhängigen Medien:** Die Menschen sollten alternative

Quellen von Informationen suchen, die unabhängig von staatlichen Medien sind. Sie sollten versuchen, sich Zugang zu internationalen Nachrichtenmedien zu verschaffen, die über ihre Situation berichten.

→ **Verbreitung von Informationen:** Die Menschen sollten versuchen, Informationen über ihre Situation zu verbreiten und in ihrem Land und darüber hinaus im Ausland über ihre Situation zu berichten. So kann das Bewusstsein für die Situation erhöht und der Druck auf die Regierung erhöht werden, um Änderungen herbeizuführen.

→ **Bildung:** Die Menschen sollten versuchen, sich selbst und ihre Kinder zu bilden, um kritisches Denken und eine kritische Bewertung von Informationen zu fördern. Private Bildungseinrichtungen, die unabhängig von der Regierung sind, können dabei hilfreich sein.

→ **Friedliche Proteste:** Die Menschen sollten ihre Stimme friedlich erheben und für ihre Rechte und Freiheiten demonstrieren, ohne Gewalt anzuwenden.

→ **Zusammenarbeit mit internationalen Organisationen:** Die Menschen sollten versuchen, Unterstützung von internationalen Organisationen zu erhalten, die sich für Menschenrechte und Freiheiten einsetzen.

Es ist jedoch wichtig zu beachten, dass es in autoritären Regimen oft gefährlich sein kann, sich gegen die herrschende Elite zu engagieren. Die Menschen sollten deshalb vorsichtig vorgehen und sich über mögliche Risiken und Konsequenzen im Klaren sein.

Es ist wichtig, dass die Menschen in einem solchen Szenario ihre Stimme erheben, um die Wahrheit zu suchen und zu verteidigen. Die Aufklärung der Bevölkerung über die Bedeutung einer freien Presse, unabhängiger Bildungseinrichtungen und kritischer Quellenbewertung ist entscheidend, um die Grundlagen einer demokratischen Gesellschaft zu stärken und für eine offene und informierte Gesellschaft einzutreten.

Ich: Danke für das Gespräch. Ich werde darüber nachdenken und am Schluss des Buches aufdecken, ob dieses Land vielleicht doch real ist.

"Ein über 1000 Jahre altes Macht- und Herrschaftsinstrument, das Kinder in Schulen desinformiert und manipuliert, eine religiöse Elite, die Wissen zensiert und Geschichte fälscht, Menschen zum Mitläufertum erzieht und eine totalitäre Organisation hervorbringt, bringt die Menschheit nicht voran.

Es ist wichtig, dass wir als Gesellschaft eine offene und ehrliche Diskussion über solche Themen führen und sicherstellen, dass jeder die Freiheit hat, seine eigenen Entscheidungen zu treffen, ohne von anderen manipuliert oder kontrolliert zu werden."

Thomas B. Reichert

Die Vorfahren der abrahamitischen Religionen – Mysterienkulte

Was sind Mysterienkulte?

Die Mysterienkulte waren geheimnisvolle religiöse und spirituelle Gemeinschaften im antiken Griechenland und Rom sowie in anderen Teilen des Römischen Reiches. Diese Kulte hatten oft einen rituellen Charakter, bei dem bestimmte Geheimnisse und Lehren nur den Eingeweihten offenbart wurden. Zu diesen gehören verschiedene Mysterienkulte, darunter die Mysterien von Eleusis, die Mysterien von Mithras, die Orphischen Mysterien und andere. Obwohl viele Details über diese Kulte verloren gegangen sind, können wir einige allgemeine Eckpunkte identifizieren.

Geheimnisvolle Einweihung:

Der zentrale Aspekt der Mysterienkulte war die Einweihung. Nur diejenigen, die Mitglieder wurden und die Initiationsriten durchliefen, hatten Zugang zu den geheimen Lehren und Erfahrungen des Kultes. Diese Einweihungsriten waren oft intensiv. Es gab hier unterschiedliche Einweihungsstufen, wobei es hier je nach Einweihungsstufe unterschiedliches Wissen und Philosophien gab.

Verbindung zur Göttlichkeit:

Die Mysterienkulte fokussierten sich auf die Verbindung zwischen den Eingeweihten und den Göttern (Personifizierungen) oder höheren geistigen Kräften. Die Einweihung sollte eine tiefere Erfahrung ermöglichen und eine persönliche Verbindung zu den göttlichen Mächten herstellen.

Symbolik und Allegorien:

Die Mysterienkulte verwendeten oft Symbolik, Allegorien und rituelle Dramen, um geistige Lehren zu vermitteln. Diese Symbole und Geschichten wurden oft auf metaphorische Weise interpretiert und hatten eine tiefere Bedeutung, die den Eingeweihten offenbart wurde.

Transformation und Selbsterkenntnis:

Die Mysterienkulte strebten nach persönlicher Transformation und Selbsterkenntnis. Die Initiationsriten sollten den Eingeweihten zu einem tieferen Verständnis ihrer eigenen Natur und ihrer Beziehung zur Welt führen.

Leben nach dem Tod und Wiedergeburt:

Viele Mysterienkulte hatten Lehren über das Leben nach dem Tod und die Wiedergeburt. Sie betonten die Idee, dass der Tod nicht das Ende sei, sondern der Beginn eines neuen Zyklus.

Rituelle Reinigung:

Vor der Einweihung wurden oft rituelle Reinigungsriten durchgeführt, um die Eingeweihten auf die spirituelle Erfahrung vorzubereiten und sie von weltlichen Unreinheiten zu befreien.

Gemeinschaft und Bruderschaft: Die Mysterienkulte schufen oft eine enge Gemeinschaft von Gleichgesinnten. Die Mitglieder fühlten sich miteinander verbunden und teilten ähnliche Ziele, es ging darum, eine Ingroup (wir sind die Guten) zu erschaffen.

Kultfeiern und Opfer:

Die Mysterienkulte beinhalteten oft Kultfeiern, Gebete und Opferhandlungen, um die Götter (Personifikationen) zu ehren und geistige Kräfte anzurufen.

Gemeinsame Mahlzeiten: Es wurde oft eine gemeinsame Mahlzeit gegessen, wobei hier meist Fleisch und Brot gegessen wurde.
→ Eucharistiefeier

Verschiedene Stufen und Philosophien:

Es gab verschiedene Wissensstufen und demzufolge verschiedene soziale Stufen. Je nach sozialem Status gab es auch hier unterschiedliche Lehren, wobei die Philosophien sogar schlussendlich gegensätzlich sein konnten.

Es ist wichtig zu betonen, dass die genauen Details und Lehren der Mysterienkulte oft nicht schriftlich fixiert wurden und es keine einheitliche Struktur oder Lehre für alle Kulte gab. Die obigen Eckpunkte sind jedoch allgemeine Merkmale, die in vielen Mysterienkulten zu finden waren, aber es gab Variationen und Unterschiede zwischen den einzelnen Kulten.

Hinter all diesen Lehren der Mysterienkulte verbergen sich einfache Weisheiten über Lichtenergie, Materie, Informationen, Leben/Natur und die "böse Naturrechtslehre". Letztendlich geht es darum, soziale Konstrukte aufzubauen und von diesen zu profitieren, wobei je nach sozialem Status unterschiedliche Lehren und Philosophien vermittelt wurden. In meinem Buch "Gottesoffenbarung – Aufklärung Gott und Christentum" erkläre ich diese einfachen Weisheiten ausführlich. Im Folgenden finden Sie eine Übersicht der wichtigsten Eckpunkte und Weisheiten der Mysterienkulte.

Weisheiten der Mysterienkulte

Im Grunde genommen teilen alle Mysterienkulte ein gemeinsames einfaches Wissen der Menschheit. Dieses Wissen, das seit Jahrtausenden der geistigen Elite bekannt ist, umfasst grundlegende Erkenntnisse über Materie und den Kreislauf des Lebens, Energie und die Bedeutung von Sonnenlicht, Information und die kontinuierliche Weiterentwicklung des Lebens, das Zusammenspiel von Leben und Tod, Selbsterkenntnis sowie persönliche Entfaltung. Diese Weisheiten drehen sich ebenso um die Zyklen des Lebens wie um das Herrschaftswissen über grundlegende Prinzipien der Psychologie und Soziologie. Die Mysterienkulte vermittelten, wie man ein erfüllteres Leben im Hier und Jetzt erschaffen und wie man von anderen Menschenleben schlussendlich profitieren konnte.

Die Mysterienkulte verfügten über verschiedene Stufen des Wissens, wobei die Lehren je nach Stufe sogar gegensätzlich sein konnten. Im Folgenden finden Sie einige Beispiele für Weisheiten aus den Mysterienkulten.

MATERIE:

Die Mysterienkulte hatten ein tiefes Verständnis für den Kreislauf der Materie und vermittelten die Einbindung des Lebens in die Natur. Eine zentrale Idee war, dass sämtliches Leben aus der Erde hervorgeht und schlussendlich wieder in diese zurückkehrt. Diese Sichtweise verknüpft die individuellen Lebenszyklen mit dem größeren Rhythmus der Natur, in dem Atome und Moleküle in vielfältigen Lebewesen "wiedergeboren" werden. Dieses Konzept könnte die Anhänger dazu ermutigt haben, sich als integralen Bestandteil dieses ewigen Kreislaufs zu begreifen.

Lehre:

→ Alle unser Materie besteht aus kleinsten Teilchen, welche immer wieder recycelt werden (→ Demokrit). Diese kleinste Teilchen waren

schon in viele andere Lebewesen verbaut und werden wieder nach unserem Tod in andere Lebewesen verbaut. Einige dieser kleinsten Teilchen sind Wassermoleküle, welche schon einmal im Blut eines anderen Lebewesens oder ein Teil des Meeres waren, davor waren diese in einem Regentropfen. Jedes Atom bzw. Molekül hatte schon verschiedene Leben "gelebt".

→ Alle unsere Materie kommt zuletzt jedoch aus dem Stein, was ein Gemisch von verschiedenen Elementen ist.

→ Der Mensch ist der lebendige Stein, da all unsere Materie schlussendlich aus der Erde bzw. dem Stein (dem Felsen) kommt.

→ Nach unserem Tod wird unsere Materie wieder ein Teil der Erde werden und diese Materie wird von anderen Lebewesen wieder genutzt, damit diese wieder wachsen können.

LICHTENERGIE:

Die Mysterienkulte hatten ebenso einen besonderen Fokus auf die Bedeutung des Sonnenlichts als Quelle der Lebensenergie gelegt. Diese Erkenntnis könnte verdeutlichen, dass sämtliche Lebensformen, einschließlich des Menschen, ihre Energie letztlich aus der Sonne schöpfen – sei es über die Nahrungskette oder die Photosynthese. Somit wurde die Sonne als Symbol für die Verbindung des Menschen mit den kosmischen Kräften (Lichtstrahlen) dienen und das Bewusstsein für die fundamentale Abhängigkeit des Lebens von dem Sonnenlicht aufzeigen.

Lehre:

→ Alle unsere Energie erhalten wir aus dem Sonnenlicht, entweder direkt oder indirekt, indem wir Pflanzen essen oder Tiere essen, welche wiederum Pflanzen gegessen haben. Alle unsere Energie erhalten wir dadurch indirekt durch das Sonnenlicht, wobei Pflanzen aus Sonnenlicht, Wasser und Luft (CO_2) Biomasse herstellen. Diese energiereiche Biomasse können Tiere und demzufolge auch der Mensch nutzen, um zu wachsen, sich zu bewegen, zu denken und zu lesen.

→ Die Lebensenergie kann genutzt werden, damit der Körper wachsen kann, aber auch zum bewegen des Körpers wird diese benötigt. Diese Lebensenergie kann aber auch genutzt werden, damit wir Wissen erschaffen können, somit wird aus Energie (etwas nicht Anfassbares – etwas Geistiges) der Körper (Materie) und daraus kann Information werden, was wieder etwas ist, was man nicht anfassen kann (Geist).

→ Energie kann man nicht erschaffen und auch nicht vernichten, nur verändern.

→ Die Sonne strahlt Sonnenlicht auf das Gras. Der Stier frisst das Gras und der Mensch isst den Stier, dadurch erhalten wir unsere Lebensenergie.

→ Wir selbst strahlen Energie ab. → Wärmestrahlung.

→ Der Mensch ist das Licht der Welt, da alle unsere Lebensenergie aus dem Sonnenlicht kommt.

→ Damit der Mensch leben kann, muss er meist anderes Leben (Pilze, Pflanzen, Tiere ...) töten.

→ Nach unserem Tod wird die Energie wieder in andere Lebewesen übergehen, wenn uns andere Tiere fressen oder Pflanzen/Pilze unseren Körper zersetzen.

→ Ein Baum benutzt Sonnenlicht, damit dieser wachsen kann. Wenn man den Baum anzündet, brennt dieser und somit wird dieses Licht wieder freigesetzt und somit strahlt der brennende Baum wieder Licht und Wärme ab.

INFORMATION:

Ein weiterer Aspekt, den die Mysterienkulte betonten, war die Bedeutung von Information, Wissen und menschlicher Kreativität. Die Vorstellung, dass der Mensch aktiv Wissen generiert und damit neues Wissen erschafft, könnte als Hinweis auf den Beitrag des Einzelnen zur Gestaltung der Zukunft und des Fortschritts interpretiert worden sein. Hierbei könnten die Eingeweihten erkannt haben, dass die Weitergabe von Wissen und die kreative Entfaltung jedes Einzelnen eine entscheidende Rolle bei der Formung der zukünftigen Menschheit spielen.

Lehre:

→ Information prägt uns. Die Umwelt, in der wir aufwachsen, prägt uns und so lernen wir die Sprache oder feiern die Feste, welche unsere Ahnen gefeiert haben.

→ Verwandte, Kollegen, Freunde, ... aber auch Medien und Staat beeinflussen uns Menschen in irgendeiner Weise und diese machen das Individuum letztendlich zu dem, was dieser heute ist.

→ Man kann Menschen programmieren, in dem man Informationen zensiert und Geschichte fälscht.

→ Man kann Menschen programmieren, indem man Menschen desinformiert, desorientiert, manipuliert → Gaslighting! Mit dieser Art der geistigen Versklavung kann man Menschen die Selbstwahrnehmung zerstören und somit das Selbstbewusstein reduzieren, dadurch kann man das einfache Volk zu Mitläufern erziehen.

→ Menschen können nach dem Tod "weiterleben", indem diese etwas Positives für die zukünftige Menschheit erschaffen, etwas, was die zukünftige Menschheit für nützlich ansieht und benutzt.

→ Der Sinn des Lebens ist es, sich weiter zu entwickeln. Wenn der Mensch sich weiterentwickelt, bekommt er von der Natur positive Emotionen und Gefühle (Glückshormone: Dopamin, Serotonin, Oxytocin, Adrenalin, Endorphine ...) geschenkt.

LEBEN/TOD:

Die Mysterienkulte enthielten ebenso Lehren über das Leben und den Tod, die das Streben nach Selbstentwicklung und persönlicher Transformation betonte. Diese Kulte haben die Vorstellung gefördert, dass das Leben einen natürlichen Zyklus von Werden, Sein und Vergehen durchläuft. Diese Erkenntnis hat zu einem bewussteren Umgang mit dem eigenen Leben und dem Schätzen jedes Moments geführt haben.

Die Idee des Opfers und des Kreislaufs des Lebens konnte auch eine wichtige Rolle gespielt haben. Das Zitat "Leben muss leben töten, damit Leben leben kann." könnte darauf hinweisen, dass das Überleben in der Natur oft von einem Wechselspiel zwischen Räubern und Beute abhängt, was wiederum das Gleichgewicht des Lebens gewährleistet. Dies könnte den Anhängern der Mysterienkulte verdeutlicht haben, dass Opfer und Veränderung untrennbar mit dem Lebenszyklus verbunden sind.

Lehre:
→ **Man kann Menschen ködern, indem man sich als netten Mensch bzw. als eine positive Gruppe ausgibt.**
→ **Ähnlich wie man Insekten mit Licht ködern kann, so kann man Menschen mit Feste, Gemeinschaft ködern.**
→ **So wie man andere Menschen behandelt, wird man auch selbst behandelt.**
→ **Das Leben ist ein Werden, ein Sein und ein Vergehen.**
→ **Das Leben ist dualistisch (gegensätzlich): Tag und Nacht, Gut und Böse, Krieg und Frieden, Hass und Liebe, jung und alt, Sonnenaufgang und Sonnenuntergang.**
→ **Der Tod ist nicht das Ende, sondern ein Übergang in einen neuen Zustand des Seins, was die Anhänger dazu ermutigt hat, das Leben und den Tod gleichermaßen zu akzeptieren.**
→ **Die Akzeptanz der eigenen Sterblichkeit führt zu einem tieferen Verständnis und einer größeren Wertschätzung des gegenwärtigen Augenblicks.**

IDEOLOGIE:
Allerdings besteht die Gefahr, dass wenn wir diese Ideen uneingeschränkt fortsetzen, die Starken die Schwachen unterdrücken und ausnutzen dürfen. In einer übertragenen Bedeutung könnten diese

Konzepte auf den geistigen Bereich übertragen werden, was zu einer "bösen Naturrechtslehre" führt, in der die Intellektuellen die einfachen Menschen geistig dominieren, formen und für eigennützige Zwecke ausnutzen dürfen.

Lehre:
→ Das schnelle Tier frisst das langsame Tier. Das große Tier frisst das kleine Tier. Wenn wir diese Ideenlehre auf den geistigen Menschen übertragen, kommt die böse Naturrechtslehre heraus.

→ Der Intelligente darf den einfachen Menschen geistig beherrschen und diesen nutzen.

→ Damit diese perfide Ideologie für neue Teilnehmer dieser Wissensstufe nicht negativ verstörend wirkt, gibt es eine Rechtfertigungslehre: Der Mensch hat doch einen freien Willen, wenn er so dumm ist und diese Märchen glaubt, dann ist er doch selbst schuld. Mit dieser Ideenlehre könnte man auch die körperliche Versklavung seiner Mitmenschen gutheißen.

→ Wenn diese perfide Ideenlehre dem einfachen Menschen bekannt wird, dass er bewusst desinformiert, desorientiert, manipuliert und geistig versklavt wurde, dann wird es einen geistigen Kampf, eine Unruhe in der Gesellschaft geben.

→ Indem man dieses Angst vor Unruhen der teilwissenden Sozialstufe induziert, kann man diese zum Schweigen bringen.

→ Die Verbreitung von Fehlinformationen und Halbwissen dient dazu, den Status quo der geistigen Elite zu bewahren und die Masse in einem Zustand der Unwissenheit zu halten.

→ Eine elitäre Bildungspolitik stellt sicher, dass nur ausgewählte Individuen Zugang zu umfassendem Wissen und kritischem Denken erhalten, wodurch die intellektuelle Hierarchie aufrechterhalten wird.

→ Moralische Relativierung wird als Instrument genutzt, um ethisch fragwürdige Praktiken zu rechtfertigen, indem behauptet wird, dass moralische Standards subjektiv und kontextabhängig sind.

Wie Priester den Atheismus und somit einen geistigen Denkrahmen erschufen

Atheismus bezeichnet die Verneinung und Abstreitung der Existenz von Göttern, wodurch ein Mensch, der an keine Götter glaubt, als Atheist bezeichnet wird.

Interessanterweise ist der Atheismus eine Erfindung von Priestern, denn ohne zuvor erfundene Götter (welche die Priester erfanden) gäbe es auch keine Verneinung von Göttern. Mit der Erfindung des Atheismus durch die Priester wurde ein Denkrahmen für die Nichtgläubigen geschaffen – wer nicht an einen bestimmten Gott (JHWH, Gott, Allah ...) glaubt, wird als Nichtgläubiger oder Atheist kategorisiert. Dies führte zu einer Spaltung zwischen Gläubigen, die sich selbst als die Guten betrachteten, und den Ungläubigen (Atheisten), die als die Schlechten stigmatisiert wurden.

Historisch gesehen wurden Menschen, die gegen religiöse Normen verstießen, als Ketzer oder Häretiker gebrandmarkt, verfolgt und sogar getötet, das Vermögen dieser "Häretiker" wurde dann auch gerne von der religiösen Elite eingezogen – heutzutage würde man Raubmord dazu sagen. Um Diskussionen, Beleidigungen oder physische Angriffe zu vermeiden, gaben viele Menschen, die nicht wirklich an einen Gott glaubten, vor, Gläubige zu sein. So zensierten und belügten sich die Menschen zuerst sich selbst und später dann auch ihre Mitmenschen – dieses Verhalten ist bis heute noch zu beobachten.

Darüber hinaus legt der Begriff "Atheist" den Ungläubigen eine Denkbeschränkung auf, da sie sich auf das Verneinen von Göttern beschränken sollen. Hierdurch werden Atheisten in einem begrenzten Denkrahmen gehalten und ermutigt, nicht darüber nachzudenken, was ein Gott sein könnte oder wer diese fiktiven Figuren erschaffen hat und wozu.

Tatsächlich lassen sich Götter erklären, da sie ausgedachte Figuren sind – es sind Personifikationen von Dinge (Sonne, Himmel, Erde, Natur ...). Auch Alleingötter (JHWH, Gott, Allah ...), die als Personifikationen der Lichtenergie oder Schöpfungsenergie betrachtet werden können, wurden logisch konstruiert. Statt Sonne, Himmel oder Mond wurde einfach die Sonnenlichtenergie als Person gedacht. Götter wurden also von Machthabern und Priestern erschaffen, um Menschen einen Wahn zu induzieren, es ging darum, dem einfachen Volk ein kollektives Über-Ich (Gott) einzureden. Die Sonnenlichtenergie wurde als Person gedacht, bekam einen Namen, ein Charakter und alles, was der Machthaber wollte, das sagte dann die Gotteshandpuppe. Mit so einer Personifikation der Sonnenlichtenergie kann man natürlich alles behaupten, da die Sonnenlichtenergie überall ist und alles erschaffen hat, also die unbelebte und die belebte Natur.

Es ist wichtig, die historischen Zusammenhänge zu verstehen und sich bewusst zu machen, wie religiöse Konstrukte und Bezeichnungen wie "Atheismus" das Denken und Verhalten der Menschen beeinflussen können. Indem wir unsere Denkrahmen erweitern und uns kritisch mit solchen Konzepten auseinandersetzen, können wir ein offeneres und toleranteres Miteinander fördern und uns von manipulativen Praktiken befreien.

25 Gründe, warum sich Menschen einer religiösen Gruppe anschließen

Menschen schließen sich aus verschiedenen Gründen religiösen Gruppierungen (Kirchen) an. Ein Individuum schließt sich einer religiösen Gruppe nicht deswegen an, weil er eins-zu-eins alle abstrusen Dinge glaubt, welche in seiner Religionsgemeinschaft offiziell als wahr angenommen werden und er seinen Glauben (Wahn/Denkstörung) mit seinen Mitmenschen teilen möchte. Die Gründe für den Beitritt zu einer religiösen Gruppe sind in der Regel eine Kombination aus verschiedenen Faktoren. Es ist wichtig zu beachten, dass diese Gründe nicht komplett sind und individuelle Motivationen für den Beitritt zu einer religiösen Gruppe vielfältig sein können. Jeder Mensch hat seine eigene einzigartige Geschichte und Motivation, sich einer religiösen Gruppe anzuschließen. Hier sind einige mögliche Gründe, die relevant sein könnten:

1. Soziale und kulturelle Einflüsse:
Kinder werden oft in ihrer Familie, Gemeinschaft oder kulturellen Umgebung religiös erzogen. Der Glaube (induzierter kollektiver Wahn) und die religiösen Traditionen werden von Autoritäten (Eltern, Lehrer, Medien ...) als etwas Positives präsentiert. Menschen möchten sich selbst als positiv (gut) darstellen, deswegen schließen sich Menschen gerne Gruppen an, welche sich selbst als positive Gruppe darstellen.

2. Tradition und kulturelle Identität:
Religionen sind oft tief in der kulturellen und historischen Identität einer Gemeinschaft verwurzelt. Menschen können sich aus einem Gefühl der Verbundenheit mit ihren Vorfahren und ihrer kulturellen Geschichte einer religiösen Gruppe anschließen, um Traditionen fortzuführen und zu bewahren.

3. Desinformation und Manipulation:

Wenn Kinder in Schulen desinformiert, desorientiert und manipuliert werden, kann dies dazu führen, dass sie bestimmten religiösen Überzeugungen ausgesetzt sind, die als Wahrheit präsentiert werden. Dies kann Entscheidungen beeinflussen und sie dazu veranlassen, sich einer bestimmten religiösen Gruppe anzuschließen.

4. Geschichtsfälschung und Wissenszensur:

Wenn Geschichte gefälscht und Wissen zensiert wird, kann dies zu einem begrenzten Zugang zu Informationen führen. Religiöse Gruppen können sich als Quelle von Wissen und Erklärungen für die Welt postulieren, insbesondere wenn andere Informationsquellen eingeschränkt sind. Religiöse Gruppierungen oder einzelne Personen von religiösen Gruppen zensierten in der Vergangenheit zuerst Wissen (Buchzensur) und fälschten Geschichte (Dokumentenfälschung), um sich dann später als Wissensquelle zu profilieren.

5. Ästhetische und emotionale Anziehungskraft:

Architektur, Geschichten, Musik und Rituale können eine starke emotionale Wirkung haben und Menschen anziehen. Ähnlich wie Motten von Licht angezogen werden, so wird auch der Mensch von prächtigen Bauwerken, schönen Geschichten und Liedern angezogen. Die Schönheit und Sinnlichkeit von Kirchengebäuden, die Kraft von Geschichten, Liedern und Ritualen können Menschen in den Bann ziehen und sie dazu motivieren, Teil einer religiösen Gruppe zu werden.

6. Positive Darstellung der Kirche:

Die Kirche (hierarchisches Sozialkonstrukt) präsentiert sich als positive und gute Gruppe, die moralische Werte, Gemeinschaft und Unterstützung anbietet und kann dadurch Menschen ansprechen, welche sich selbst als positiven und guten Menschen darstellen möchte.

7. Gruppenzwang und soziale Struktur:

Der Wunsch, als gut angesehen zu werden oder dazuzugehören, kann

Menschen dazu motivieren, sich einer religiösen Gruppe anzuschließen. Gruppenzwang, soziale Erwartungen und die Zugehörigkeit zu einer bestimmten Gemeinschaft können eine Rolle bei der Entscheidung spielen.

8. Unterstützung und Trost:
Religiöse Gruppen bieten oft Unterstützung und Hilfe für ihre Mitglieder in schwierigen Zeiten, sei es bei emotionalen Herausforderungen, Krankheit oder Trauer. Menschen können sich einer religiösen Gemeinschaft auch deswegen anschließen, um Unterstützung und Trost zu finden und sich von anderen Mitgliedern getragen zu fühlen.

9. Sinnsuche und existenzielle Fragen:
Religionen bieten oft einfache Antworten auf existenzielle Fragen und können Menschen [falsche] Hoffnung und [schlechte] Orientierung in Bezug auf das Leben, den Tod, das Leiden und den Zweck des Daseins geben.

10. Bildung und Wissensvermittlung:
Religiöse Gruppen bieten oft Bildungsmöglichkeiten, um das Wissen über den Glauben, die geistigen Lehren und die religiöse Tradition zu vertiefen. Menschen können sich einer religiösen Gruppe anschließen, um mehr über "ihren Glauben" zu lernen und "ihr Wissen" zu erweitern. Die Menschen in den religiösen Gruppierungen werden dadurch weiter desinformiert und manipuliert, indem mehrdeutige, ausgedachte Geschichten als Realgeschichten präsentiert werden.

11. Rituale und Feiern:
Religiöse Gruppen bieten regelmäßige Rituale, Gottesdienste und Feiern, die Menschen ein Gefühl von Struktur, Gemeinschaft und festlichen Anlässen vermitteln. Diese Rituale können eine wichtige Rolle im Leben eines Gläubigen spielen und sie dazu motivieren, einer religiösen Gemeinschaft beizutreten. Der Mensch feiert gerne Feste, unter anderem die Jahresfeste wie Frühling (Ostern), Sommerfest

(Fronleichnam), Herbst (Erntedank) und Winter (Weihnachten), aber auch die Feste der Menschheit: Geburt (Taufe), Kindheit (Kommunion), Heranwachsender (Firmung), Heirat in einem prächtigen Kirchengebäude sowie Tod/Beerdigung.

12. Macht und Reichtum der Kirche:

Die Macht und der Reichtum einer religiösen Institution können Anreize bieten, sich ihr anzuschließen. Menschen hoffen, von den Ressourcen (Kindergartenplatz, Grab auf dem Friedhof, heiraten in der Kirche ...), dem Vermögen und dem sozialen Einfluss der Kirche zu profitieren.

13. Sinnsuche und persönliche Erfahrungen:

Menschen können sich einer religiösen Gruppe anschließen, weil sie nach einem tieferen Sinn im Leben suchen. Sie können persönliche Erfahrungen gemacht haben, die sie zu einer bestimmten religiösen Tradition oder Gemeinschaft hingezogen haben

14. Hoffnung und Trost:

Religionen bieten oft einfache Antworten auf existenzielle Fragen und können Menschen Hoffnung und Trost in schwierigen Zeiten geben. Der Glaube an eine höhere Macht und eine spirituelle Dimension des Lebens kann Menschen helfen, mit Herausforderungen und Verlusten umzugehen und ihnen einen Rahmen für Sinn und Hoffnung zu bieten. Ein negativ empfundener Gefühlszustand (Leid/Tod) wird reduziert, indem eine Scheinlösung präsentiert wird, wie z. B. "das Leid ist gottgewollt" oder "nach dem Tod wird man belohnt". Der Mensch lernt, sich selbst zu belügen, und dies wird als etwas Gutes dargestellt.

15. Sinnstiftung und Orientierung:

Religionen bieten oft einen Rahmen für moralische Prinzipien, ethisches Verhalten und Lebensregeln. Durch den Beitritt zu einer religiösen Gruppe können Menschen Orientierung und Sinn in ihrem Leben finden, indem sie sich an bestimmte Werte und Normen halten und eine Gemeinschaft haben, die sie bei der Entwicklung einer sinnvollen

Lebensweise unterstützt. Wobei der einfache Mensch der religiösen Gruppe nicht realisiert, dass es hier je nach sozialer Schicht unterschiedliche Lehren gibt und die böse Naturrechtslehre die religiösen Ideologien krönt.

16. Verheißung von Belohnungen und Erlösung:

Religiöse Überzeugungen beinhalten oft Vorstellungen von Belohnungen im Jenseits oder Erlösung von Sünden [welche man dem Volk zuerst induziert hat]. Hier wird Menschen zuerst Angst durch Sünde, Satan und Hölle induziert, um ihnen anschließend die Angst zu nehmen, wenn diese sich den Regeln der sozialen Gruppe unterordnen. (→ Nötigung) Menschen können sich einer religiösen Gruppe anschließen, um von diesen verheißenen Vorteilen zu profitieren.

17. Suche nach spiritueller Autorität und Führung:

Religiöse Gruppen bieten oft geistige Führungspersonen wie Priester, Prediger oder spirituelle Lehrer, die als Quelle der Weisheit und Autorität dienen. Menschen können sich einer religiösen Gruppe anschließen, um von dieser Führung und ihrem Wissen zu profitieren und Anleitung auf ihrem spirituellen Weg zu erhalten. Menschen können sich einer religiösen Gruppe anschließen, um von dieser geistigen Führung und ihrem Wissen zu profitieren und Anleitung auf ihrem spirituellen Weg zu erhalten. Das Wissen der geistigen Lehrer wird jedoch nicht direkt weitergegeben, sondern in Geschichten verdeckt präsentiert – in Metaphern! Der Priester gibt dem Glaubenden nur ein Glas Wasser, er zeigt dem Glaubenden jedoch nicht, wo die Wasserquelle ist. Der Priester gibt nicht die Quelle des Wissens preis, damit der Glaubende (Durstige) weiterhin von ihm abhängig bleibt. Denn: Wissen ist Macht über den Nichtwissenden (Glaubende). Wüsste der Glaubende, wo die Wasserquelle (Quelle der Weisheit) ist, dann würde er nicht mehr zum Priester gehen, und der Priester hätte dann keine Macht mehr über den [nach Wissen] dürstenden.

18. Gemeinschaft und neue Leute kennenlernen/Gemeinschaftsgefühl:
Die meisten Menschen sehnen sich nach sozialer Interaktion und Zugehörigkeit. Der Beitritt zu einer starken Gruppe kann ein starkes Gemeinschaftsgefühl erzeugen. Der Beitritt zu einer religiösen Gruppe ermöglicht es Menschen, Teil einer Gemeinschaft zu werden, in der diese Gleichgesinnte treffen und neue soziale Kontakte knüpfen können. Der Wunsch nach sozialer Interaktion, gemeinsamen Aktivitäten und dem Aufbau von Beziehungen kann Menschen dazu motivieren, sich einer religiösen Gruppe anzuschließen.

19. Suche nach Gemeinschaft und sozialer Bindung:
Religiöse Gruppen bieten oft eine Gemeinschaft, in der Menschen Gleichgesinnte treffen, soziale Kontakte knüpfen und ein Gefühl der Zugehörigkeit erleben können. Der Wunsch nach sozialer Interaktion, Gemeinschaftsgefühl und Unterstützung kann Menschen dazu motivieren, sich einer religiösen Gruppe anzuschließen. Es ist natürlich nicht schön, wenn man realisiert, dass das religiöse, soziale und hierarchische Sozialkonstrukt aus Glaubenden (geistig Toten), Mitläufern und eigennützigen Menschen besteht, welche von ihren Mitmenschen profitieren möchten und sich all die Menschen gegenseitig trügen, täuschen und in einem induzierten kollektiven Wahn leben und aus unterschiedlichen Gründen sich dieser Ideologie unterwerfen. Einige Mitglieder der religiösen Gruppe verfolgen ihre eigenen Interessen und versuchen, andere zu manipulieren oder auszunutzen. Es besteht hier auch die Gefahr, dass Menschen in einer solchen Gemeinschaft ihren eigenen kritischen Verstand abschalten und sich unkritisch den Vorstellungen und Regeln der Gruppe unterwerfen – die Menschen werden zu Mitläufern programmiert!

20. Denkanreize und intellektuelle Herausforderung:
Religionen bieten oft komplexe theologische Lehren, philosophische Konzepte und geistige Praktiken, die intellektuell stimulieren können. Der Beitritt zu einer religiösen Gruppe kann Menschen dazu anregen,

ihre Denkweise zu erweitern, über existenzielle Fragen nachzudenken und sich mit abstrakten Konzepten und Ideen auseinanderzusetzen, wobei dies meisten in den höheren Wissensstufen der Fall ist.

21. Unterstützung und Hilfe in schwierigen Zeiten:
Religiöse Gruppen bieten oft Unterstützung und Hilfe für ihre Mitglieder in schwierigen Zeiten, sei es bei emotionalen Herausforderungen, Krankheit oder Trauer. Menschen können sich einer religiösen Gemeinschaft anschließen, um Unterstützung und Trost zu finden und sich von anderen Mitgliedern getragen zu fühlen.

22. Sicherheitsbedürfnis:
Menschen haben ein angeborenes Bedürfnis nach Sicherheit und Schutz. Der Beitritt zu einer starken Gruppe kann ihnen das Gefühl geben, dass sie Teil einer Gemeinschaft sind, die sie vor Bedrohungen und Gefahren schützt.

23. Weisheitselite:
Religiöse Gruppen können sich als Quelle von Wissen und Erklärungen für die Welt präsentieren. Manche religiöse Gruppierungen geben sich gerne als Weisheitselite aus, welche tiefere Weisheiten haben, die der Mehrheit der Menschen nicht bekannt sind, meistens sind es generelle Informationen über Materie[kreislauf], Sonnenlichtenergie und Information prägt sowie Wissen über Natur, Leben und Herrschaftswissen, wie man Menschen ködern, führen, formen, programmieren und nutzen kann.

24. Identitätsbildung:
Die Zugehörigkeit zu einer starken Gruppe kann Menschen helfen, ihre Identität zu definieren und sich mit einer gemeinsamen Vision oder Mission zu identifizieren (Wir sind die moralisch, ethisch ... überlegene Gruppe). Die Gruppe kann ein Gefühl von Stärke und Einheit vermitteln, indem sie klare Vorstellungen von Gut und Böse, richtigen und falschen Werten vermittelt.

25. Vereinfachte Weltanschauung:

Der Glaube an die eigene Gruppe als "die Guten" und andere Gruppierungen als "die Bösen" kann eine vereinfachte Sichtweise auf die Welt bieten. Es gibt klare Grenzen, klare Identitäten und eine klare Vorstellung von richtigem und falschem Verhalten.

Zusammenfassung:

Der Mensch schließt sich also aus verschiedenen Gründen einer religiösen Gemeinschaft an, meistens sind es eigennützige Vorteile. Diese Vorteile können vielfältig sein und beinhalten soziale oder emotionale Aspekte, aber auch Vorteile wie Geld oder Macht. Damit das Individuum diese Gruppenvorteile nutzen kann, muss sich dieser jedoch mit seinen Handlungen und Aussagen der Gruppe anschließen und sich der Gruppenhierarchie unterwerfen. Es muss sich aber nicht nur der Gruppenhierarchie unterwerfen, er darf auch die Grundaussagen (Glauben) nicht offiziell hinterfragen. Falls das Individuum diese nicht glaubt, spielt dieser Mensch den Glauben seinen Mitmenschen nur vor und so trügt er sich und seine Mitmenschen. Es gibt Situationen, in denen Menschen den Glauben ihrer religiösen Gemeinschaft ihren Mitmenschen nur vorspielen, obwohl sie tatsächlich Zweifel oder andere bzw. keine Glaubensvorstellungen haben. In solchen Fällen unterwerfen sich die Teilnehmer den Machtstrukturen der Gruppe und zensieren ihre eigenen Aussagen und Gedanken, um sich der Gruppe anzupassen, sie werden zu Mitläufern und Ja-Sager.

Dieses Phänomen des "Glaubens vorspielen" kann aus verschiedenen Gründen auftreten, darunter der Wunsch nach sozialer Akzeptanz, das Vermeiden von Konflikten oder die Aufrechterhaltung einer stabilen sozialen Identität. In einigen Fällen kann die Gruppendynamik dazu führen, dass Nichtgläubige als Abtrünnige betrachtet werden, welche man wieder auf den richtigen Weg bringen muss oder diskriminiert und aus der Gemeinschaft ausgeschlossen werden.

Der Mensch schließt sich also aus verschiedenen Gründen einer religiösen Gemeinschaft an, wobei man die Hauptgründe auch je nach sozialem Status einordnen kann. Ein einfacher Mensch schließt sich der religiösen Gruppe an, da er Feste und Rituale feiern möchte oder die religiösen Geschichten wirklich als Wahrheit wahrnimmt und er diese glaubt [da man ihn vorher desinformiert und manipuliert hat]. Wieder andere Teilnehmer möchten als positive Menschen wahrgenommen werden oder einfach nur mit anderen Menschen zusammen sein.

Ein intelligenter Mensch dagegen möchte meist Ansehen (sich positiv präsentieren), Macht oder einfach nur relativ einfach viel Geld verdienen. Der Intelligente möchte Menschen in das Sozialkonstrukt locken, die Menschen führen und selbstverständlich auch von ihnen profitieren.

162 Manipulationstechniken – Wie man mit Religionen Menschen geistig manipulieren und beherrschen kann – Schritt für Schritt erklärt

Schritt 1: Manipulation von Emotionen und Gefühlen

Die emotionale Manipulation steht an erster Stelle. Indem intensive Gefühle wie Liebe, Dankbarkeit und Loyalität hervorgerufen werden, wird eine starke Bindung zur religiösen Gemeinschaft und zur Führungsperson geschaffen. Emotionale Verbindung verstärkt das Engagement und die Abhängigkeit der Anhänger.

Schritt 2: Aufbau von Vertrauen und Nähe

Der zweite Schritt ist der gezielte Aufbau von Vertrauen und einer persönlichen Nähe zwischen der religiösen Führung und den Anhängern. Durch scheinbar authentische und empathische Interaktionen entsteht eine emotionale Bindung, die als Basis für alle folgenden Beeinflussungstaktiken dient. Diese Nähe erzeugt ein Gefühl der Sicherheit und schafft den Glauben, dass die Führungsperson ihre Interessen wahrnimmt.

Schritt 3: Manipulation von Ängsten und Unsicherheiten

Die geschickte Ansprache individueller Ängste und Unsicherheiten der Anhänger eröffnet die Möglichkeit, Trost und Lösungen durch den Glauben anzubieten. Hierdurch wird eine enge Abhängigkeit von der religiösen Gemeinschaft als Quelle der Sicherheit geschaffen. Indem der Geistliche vermeintliche Antworten auf existenzielle Fragen bietet, verstärkt sich die Bindung der Anhänger zur Gemeinschaft.

Schritt 4: Schaffung eines Wir-Gefühls

Dieser Schritt betont die Bedeutung eines gemeinsamen Identitätsgefühls innerhalb der religiösen Gemeinschaft. Die Vorstellung, Teil einer besonderen Gruppe zu sein, stärkt die emotionale Verbundenheit der Anhänger zueinander und zur Führungsperson. Durch das Hervorheben von geteilten Werten und Zielen wird ein Gefühl der Zusammengehörigkeit geschaffen, das die Anhänger dazu motiviert, ihre Identität mit der Gemeinschaft zu verknüpfen.

Schritt 5: Manipulation von Hoffnungen und Träumen

Durch die geschickte Verknüpfung persönlicher Hoffnungen und Träume der Anhänger mit der religiösen Botschaft entsteht eine starke emotionale Bindung. Der Glaube wird zur vermeintlichen Quelle der Erfüllung individueller Wünsche. Die Führungsperson nutzt diese emotionalen Verbindungen, um den Glauben als Weg zur Erreichung persönlicher Ziele darzustellen.

Schritt 6: Etablierung von Autorität und Hierarchie

Eine klare Etablierung der religiösen Führung als autoritative Figur schafft ein Machtgefälle. Dieses wiederum verstärkt die Bindung der Anhänger zur Gemeinschaft, da die Führungsperson als Quelle von Weisheit, Führung und geistiger Autorität wahrgenommen wird. Diese Autorität wird genutzt, um den Glauben als unverzichtbaren Weg zu präsentieren, um die Bindung der Anhänger zur religiösen Führung zu intensivieren.

Schritt 7: Manipulation von Scham und Schuld

Durch die Erzeugung von Scham und Schuld in Bezug auf Abweichungen von den religiösen Lehren wird die Loyalität der Anhänger gestärkt. Diese Taktik nutzt den Wunsch nach Vergebung, um die Bindung zur religiösen Führung zu intensivieren. Die Führungsperson kann die Vergebung als Belohnung für die Einhaltung der Regeln darstellen, was die Anhänger noch stärker an die Lehren bindet.

Schritt 8: Schaffung von Ritualen und Zeremonien

Die Einführung von Ritualen und Zeremonien schafft emotionale und spirituelle Erlebnisse, welche die Bindung der Anhänger zur religiösen Botschaft intensivieren. Diese gemeinsamen Erfahrungen stärken das Gemeinschaftsgefühl und die emotionale Verbundenheit. Durch die regelmäßige Durchführung dieser Rituale entsteht ein Gefühl der Kontinuität und der tiefen Verwurzelung in der Gemeinschaft.

Schritt 9: Manipulation von Information und Wahrheit

Die Kontrolle über vermittelte Informationen und die Definition von Wahrheit erhöhen die Glaubwürdigkeit der religiösen Lehren. Hierdurch wird die Bindung der Anhänger zur Führungsperson verstärkt, die als Hüterin der Wahrheit und spirituellen Erkenntnisse erscheint. Die Führungsperson kann Informationen gezielt auswählen und präsentieren, um die gewünschte Perspektive zu verstärken und Zweifel zu minimieren.

Schritt 10: Nutzung von Lob und Belohnung

Die gezielte Vergabe von Lob und Belohnungen für die Einhaltung der religiösen Lehren verstärkt die Bindung der Anhänger zur Gemeinschaft. Positive Verstärkung ermutigt die Anhänger, sich weiterhin aktiv in die Glaubenspraktiken einzubinden. Lob und Belohnungen werden als Anerkennung für das richtige Verhalten verstanden, was dazu führt, dass die Anhänger verstärkt danach streben, die Erwartungen der religiösen Gemeinschaft zu erfüllen.

Schritt 11: Manipulation von Kritik und Zweifeln

Die Abwehr von Kritik und die Diskreditierung von Zweifeln gegenüber den religiösen Lehren dienen dazu, die Loyalität der Anhänger zu stärken. Diese Taktik fördert die Bindung zur Führungsperson und zur Gemeinschaft, indem Zweifel als Bedrohung für den Glauben wahrgenommen werden. Indem Kritiker als Feinde des Glaubens dargestellt werden, wird die Abgrenzung von außenstehenden Perspektiven verstärkt.

Schritt 12: Schaffung von Exklusivität

Die Betonung der Einzigartigkeit und Exklusivität der religiösen Gemeinschaft schafft ein emotionales Band und intensiviert das Zugehörigkeitsgefühl. Anhänger empfinden sich als Teil einer auserwählten Gruppe, was die emotionale Bindung zur Gemeinschaft verstärkt. Diese Exklusivität kann durch spezielle Rituale, Wissen oder Zugang zu besonderen Erlebnissen betont werden.

Schritt 13: Manipulation von Macht und Abhängigkeit

Die gezielte Erzeugung von Abhängigkeit von der religiösen Führung durch Machtstrukturen und Kontrolle stärkt die Bindung der Anhänger zur Gemeinschaft. Die Führungsperson wird als unverzichtbare Autorität wahrgenommen, wodurch die Abhängigkeit intensiviert wird. Indem Entscheidungen und Regeln von oben diktiert werden, entsteht ein Gefühl der Notwendigkeit, sich der Führungsperson zu unterwerfen.

Schritt 14: Nutzung von Gruppenzwang und Konformtät

Die Förderung von Gruppenzwang und Konformität innerhalb der Gemeinschaft dient dazu, das Verhalten der Anhänger zu steuern und ihre Bindung zum Priester zu intensivieren. Die Einhaltung der Normen wird belohnt, während Abweichungen sozial sanktioniert werden können. Das Bedürfnis nach Zugehörigkeit und Anerkennung motiviert die Anhänger, die Regeln zu befolgen.

Schritt 15: Schaffung von Traditionen und Ritualen

Die Einführung von traditionsreichen Ritualen und Zeremonien, die von Generation zu Generation weitergegeben werden, verstärkt die Bindung der Anhänger zur religiösen Botschaft. Diese Rituale schaffen ein Gefühl der Kontinuität und Verbindung mit der Vergangenheit. Die Anhänger fühlen sich tief in die Gemeinschaft eingebunden und sehen die Führungsperson als Hüterin dieser Traditionen.

Schritt 16: Manipulation von Identität und Selbstwert

Die Betonung der religiösen Gemeinschaft als Definierer der wahren Identität und des Selbstwerts der Anhänger erhöht die Bindung zur Führungsperson. Anhänger entwickeln eine starke emotionale Abhängigkeit von der Anerkennung und Bestätigung durch die Gemeinschaft. Die Führungsperson wird als zentrale Figur wahrgenommen, die über die Identität und den Selbstwert der Anhänger bestimmt.

Schritt 17: Schaffung von Narrativen und Geschichten

Die Entwicklung fesselnder Narrative und Geschichten unterstützt die religiöse Botschaft und stärkt die Glaubwürdigkeit der Lehren. Diese Geschichten dienen dazu, die Anhänger zu überzeugen und emotionale Verbindungen zur Führungsperson herzustellen. Die Anhänger sehen die Führungsperson als Vermittler der spirituellen Erzählungen.

Schritt 18: Manipulation von Angst und Hoffnung

Die gezielte Nutzung von Angst und Hoffnung erhöht die Abhängigkeit von der religiösen Gemeinschaft und stärkt die Bindung zur Führungsperson. Indem Anhängern positive Ergebnisse und Erlösung in Aussicht gestellt werden, entsteht eine tiefe emotionale Verbindung zur religiösen Botschaft. Gleichzeitig kann die Angst vor negativen Konsequenzen oder spirituellen Verlusten verstärkt werden, um die Bindung zu intensivieren.

Schritt 19: Nutzung von Gemeinschaftsprojekten und Aktivitäten

Die Initiierung von Gemeinschaftsprojekten und Aktivitäten verstärkt die Bindung der Anhänger zur religiösen Gemeinschaft. Durch die Zusammenarbeit an gemeinsamen Zielen entsteht ein Gefühl der Verbundenheit und des gemeinsamen Zwecks. Anhänger sehen die Führungsperson als Initiatorin dieser positiven Interaktionen und fühlen sich dadurch enger an die Gemeinschaft gebunden.

Schritt 20: Manipulation von Bestrafung und Belohnung

Die Einführung von Bestrafungen und Belohnungen dient dazu, das Verhalten der Anhänger zu steuern. Positive Verstärkung durch Belohnungen verstärkt die Bindung zur religiösen Gemeinschaft, während die Angst vor Bestrafung die Anhänger zur Einhaltung der Lehren motiviert. Die Führungsperson kontrolliert diese Mechanismen, was die Rolle als Entscheider über Belohnungen und Bestrafungen betont.

Schritt 21: Ausnutzung von Unwissenheit und Angst vor dem Unbekannten

Die gezielte Nutzung von Unwissenheit und der Angst vor dem Unbekannten erhöht die Bindung der Anhänger zur religiösen Gemeinschaft. Indem Unsicherheiten ausgenutzt werden, schafft die Gemeinschaft ein Gefühl der Sicherheit und Geborgenheit. Die Führungsperson wird als Quelle des Wissens und der Antworten auf die Ängste der Anhänger wahrgenommen.

Schritt 22: Manipulation von Kultur und Tradition

Die Integration religiöser Lehren in die Kultur und Tradition der Anhänger stärkt die Bindung zur religiösen Gemeinschaft. Indem der Glaube als integraler Bestandteil des kulturellen Erbes präsentiert wird, entsteht ein Gefühl der Verpflichtung, die Traditionen zu bewahren und die Führungsperson als Bewahrerin dieser Identität anzuerkennen.

Schritt 23: Nutzung von Medien und Kommunikation

Die Kontrolle über Medien und Kommunikationskanäle ermöglicht es der religiösen Gemeinschaft, die Botschaft zu verbreiten und die Bindung der Anhänger zu stärken. Die Führungsperson nutzt diese Kanäle, um ihre Glaubwürdigkeit zu erhöhen und die Abhängigkeit der Anhänger von der religiösen Lehre zu intensivieren.

Schritt 24: Manipulation von Angst vor dem Tod und dem Jenseits

Die gezielte Ausnutzung der Angst vor dem Tod und dem Jenseits verstärkt die Bindung der Anhänger zur religiösen Gemeinschaft. Indem der Glaube als einziger Weg zur Erlösung präsentiert wird, entsteht eine tiefe emotionale Abhängigkeit von der religiösen Führung. Die Anhänger suchen Schutz vor diesen Ängsten in der Gemeinschaft und bei der Führungsperson.

Schritt 25: Ausnutzung von Charisma und Überzeugungskraft

Die Nutzung von Charisma und Überzeugungskraft stärkt die Bindung der Anhänger zur religiösen Gemeinschaft. Die Führungsperson wird als charismatische Persönlichkeit wahrgenommen, die die Anhänger von der Richtigkeit der Lehren überzeugt. Ihr Einfluss und ihre Führungsfähigkeiten schaffen eine tiefe emotionale Verbundenheit.

Schritt 26: Manipulation von Zeit und Geduld

Die Förderung von Geduld und Ausdauer verstärkt die Bindung der Anhänger zur religiösen Gemeinschaft. Indem der Glaube als langwieriger Prozess der geistigen Entwicklung dargestellt wird, entsteht eine tiefe emotionale Verbundenheit zur Gemeinschaft und zur Führungsperson. Die Anhänger setzen ihre Hoffnung auf langfristige Belohnungen durch ihre Hingabe.

Schritt 27: Nutzung von Übernatürlichem und Wundern

Die Präsentation von Wundern und übernatürlichen Ereignissen stärkt die Glaubwürdigkeit der religiösen Botschaft und erhöht die Bindung der Anhänger zur Gemeinschaft. Diese Ereignisse werden als Zeichen der göttlichen Macht interpretiert, was die Überzeugung in die Lehren und die Führungsperson intensiviert. Die Anhänger sehen in der Führungsperson eine Vermittlerin dieser übernatürlichen Erfahrungen.

Schritt 28: Manipulation von Beziehungen und Partnerschaften

Die Beeinflussung von Beziehungen und Partnerschaften verstärkt die Bindung der Anhänger zur religiösen Gemeinschaft. Indem Beziehungen unterstützt werden, die die religiösen Lehren fördern, erhöht sich die Abhängigkeit von der Gemeinschaft und von der Führungsperson. Die Anhänger sehen in der Gemeinschaft und der Führungsperson Unterstützung für ihre persönlichen Beziehungen.

Schritt 29: Ausnutzung von Macht und Autorität

Die Etablierung von Macht und Autorität der religiösen Führung verstärkt die Bindung der Anhänger zur Gemeinschaft. Die Führungsperson wird als unangefochtene Autorität wahrgenommen, was die Abhängigkeit von ihrer Führung intensiviert. Die Anhänger fühlen sich verpflichtet, sich den Entscheidungen und Anweisungen der Führungsperson zu unterwerfen.

Schritt 30: Manipulation von Erinnerungen und Emotionen
Die Manipulation von Erinnerungen und Emotionen verstärkt die Bindung der Anhänger zur religiösen Gemeinschaft. Durch gezielte Beeinflussung von Erinnerungen und Emotionen in Bezug auf die Lehren wird eine tiefe emotionale Verbindung geschaffen. Die Anhänger fühlen sich stark mit der Gemeinschaft und der Führungsperson verbunden, da ihre Identität eng mit diesen Erinnerungen und Emotionen verknüpft ist.

Schritt 31: Nutzung von spirituellen Erfahrungen
Die Betonung und Förderung von spirituellen Erfahrungen verstärkt die Bindung der Anhänger zur religiösen Gemeinschaft. Durch intensivierte spirituelle Erfahrungen fühlen sich die Anhänger bestätigt und unterstützt. Diese Erfahrungen werden oft mit der Führungsperson und der religiösen Botschaft in Verbindung gebracht, was die Bindung weiter festigt.

Schritt 32: Manipulation von Abhängigkeit
Die Erzeugung von Abhängigkeit verstärkt die Bindung der Anhänger zur religiösen Gemeinschaft. Indem die Anhänger in Abhängigkeit von der Gemeinschaft gehalten werden, wird die Bindung zur Führungsperson gestärkt. Die Führungsperson kontrolliert wichtige Aspekte des Lebens der Anhänger, was ihre Rolle als entscheidende Autorität betont.

Schritt 33: Ausnutzung von Ehrfurcht und Respekt
Die Nutzung von Ehrfurcht und Respekt verstärkt die Bindung der Anhänger zur religiösen Gemeinschaft. Die Führungsperson wird als überlegene Autorität wahrgenommen, was zu tiefer Ehrfurcht und Respekt führt. Diese Haltung verstärkt die emotionale Bindung der Anhänger zur Führungsperson und zur religiösen Gemeinschaft.

Schritt 34: Manipulation von Schönheit und Ästhetik
Die Präsentation von Schönheit und Ästhetik des Glaubens verstärkt die

Bindung der Anhänger zur religiösen Gemeinschaft. Indem der Glaube als ästhetisch ansprechend und erhebend präsentiert wird, entsteht eine emotionale Verbindung. Die Anhänger fühlen sich von der Gemeinschaft und der Führungsperson angezogen, die diese Schönheit verkörpern.

Schritt 35: Nutzung von Ritualen der Reinigung und Buße

Die Einführung von Ritualen der Reinigung und Buße verstärkt die Bindung der Anhänger zur religiösen Gemeinschaft. Diese Rituale dienen dazu, Verfehlungen zu bereinigen und die spirituelle Verbindung zu stärken. Die Anhänger fühlen sich durch diese Rituale eng mit der Führungsperson und der Gemeinschaft verbunden, da diese die einzigen Mittel zur Reinigung bieten.

Schritt 36: Nutzung von gezielten Visionen und Offenbarungen

Die Präsentation von gezielten Visionen und Offenbarungen verstärkt die Bindung der Anhänger zur religiösen Gemeinschaft. Die Führungsperson behauptet, direkte Kommunikation mit höheren Mächten zu haben, was ihre Glaubwürdigkeit stärkt. Die Anhänger fühlen sich von diesen Visionen angezogen und fühlen sich dadurch enger mit der Führungsperson und der Gemeinschaft verbunden.

Schritt 37: Ausnutzung von sozialer Isolation

Die Förderung von sozialer Isolation verstärkt die Bindung der Anhänger zur religiösen Gemeinschaft. Die Führungsperson ermutigt die Anhänger dazu, sich von außerhalb der Gemeinschaft zu isolieren und ihre Beziehungen hauptsächlich innerhalb der Gruppe zu pflegen. Die Anhänger fühlen sich dadurch abhängig von der Gemeinschaft und der Führungsperson, da diese ihre einzige soziale Unterstützung sind.

Schritt 38: Manipulation von Glaubenssystemen anderer

Die gezielte Manipulation von Glaubenssystemen anderer verstärkt die Bindung der Anhänger zur religiösen Gemeinschaft. Die Führungsperson stellt andere Glaubenssysteme als falsch oder fehlgeleitet dar und präsentiert den eigenen Glauben als den einzigen wahren Pfad. Die

Anhänger fühlen sich durch diese Überzeugung enger an die Gemeinschaft und die Führungsperson gebunden.

Schritt 39: Nutzung von Gruppenfokus und Peer-Druck

Die Nutzung von Gruppenfokus und Peer-Druck verstärkt die Bindung der Anhänger zur religiösen Gemeinschaft. Die Führungsperson lenkt den Fokus der Anhänger auf die Gemeinschaft und fördert den Druck von Gleichgesinnten, um Konformität zu erzwingen. Die Anhänger fühlen sich in der Gemeinschaft akzeptiert und bestätigt, was ihre emotionale Bindung vertieft.

Schritt 40: Ausnutzung von Propaganda und Indoktrination

Die Ausnutzung von Propaganda und Indoktrination verstärkt die Bindung der Anhänger zur religiösen Gemeinschaft. Die Führungsperson verbreitet gezielte Propaganda, um die religiöse Botschaft zu festigen und Zweifel zu unterdrücken. Die Anhänger fühlen sich durch diese Propaganda bestätigt und geschützt, was ihre emotionale Bindung zur Gemeinschaft stärkt.

Schritt 41: Manipulation von Bestrafung und Belohnung (Zuckerbrot und Peitsche)

Die Manipulation von Bestrafung und Belohnung verstärkt die Bindung der Anhänger zur religiösen Gemeinschaft. Die Führungsperson setzt Bestrafungen und Belohnungen ein, um das Verhalten der Anhänger zu steuern. Die Anhänger fühlen sich durch diese Mechanismen abhängig von der Gemeinschaft und der Führungsperson, da sie ihre Einhaltung der Regeln mit Konsequenzen verknüpfen.

Schritt 42: Manipulation von Glaubenszweifeln

Die Manipulation von Glaubenszweifeln verstärkt die Bindung der Anhänger zur religiösen Gemeinschaft. Die Führungsperson präsentiert Zweifel und Unsicherheiten als Zeichen von Schwäche und ermutigt die Anhänger, diese zu unterdrücken. Die Anhänger fühlen sich abhängig von der Gemeinschaft und der Führungsperson, da diese ihnen Sicherheit und Antworten bieten.

Schritt 43: Ausnutzung von Katastrophen und Ängsten

Die Ausnutzung von Katastrophen und gesellschaftlichen Ängsten verstärkt die Bindung der Anhänger zur religiösen Gemeinschaft. Die Führungsperson präsentiert den Glauben als Antwort auf Bedrohungen und Unsicherheiten. Die Anhänger fühlen sich durch diese Präsentation geschützt und abhängig von der Gemeinschaft, da diese ihnen Sicherheit bietet.

Schritt 44: Manipulation von Gemeinschaftssprache und Begriffen

Die Manipulation von Gemeinschaftssprache und besonderen Begriffen verstärkt die Bindung der Anhänger zur religiösen Gemeinschaft. Die Führungsperson führt eine spezielle Sprache ein, welche die Identifikation mit der Gemeinschaft stärkt. Die Anhänger fühlen sich durch die Verwendung dieser Sprache enger mit der Gemeinschaft und der Führungsperson verbunden. Die speziellen Begriffe schaffen eine einzigartige Kommunikation und verstärken das Gefühl der Zugehörigkeit.

Schritt 45: Ausnutzung von Gruppenritualen und Initiationen

Die Ausnutzung von Gruppenritualen und Initiationen verstärkt die Bindung der Anhänger zur religiösen Gemeinschaft. Die Führungsperson führt Rituale und Initiationen ein, die die Anhänger tiefer in die Gemeinschaft einbinden. Die Anhänger fühlen sich durch diese intensiven Erfahrungen enger mit der Gemeinschaft und der Führungsperson verbunden, da sie gemeinsam durch bedeutungsvolle Momente gehen.

Schritt 46: Nutzung von Trance und Meditation

Die Einführung von Trance- und Meditationspraktiken fördert die spirituelle Erfahrung der Anhänger. Durch diese Praktiken können tiefe emotionale Zustände erreicht werden, die die Bindung zur religiösen Botschaft intensivieren. Die Anhänger empfinden eine tiefere

Verbindung zum Göttlichen und zur Führungsperson, was ihre Hingabe stärkt.

Schritt 47: Manipulation von Erwartungen und Versprechen

Gezielte Erwartungen und Versprechen werden eingesetzt, um die Anhänger enger an die religiöse Gemeinschaft zu binden. Die Führungsperson schafft Vorstellungen von zukünftigen Belohnungen oder Erlösung, um die Loyalität der Anhänger zu verstärken. Die Hoffnung auf Erfüllung dieser Versprechen hält die Anhänger engagiert und abhängig von der religiösen Führung.

Schritt 48: Manipulation von Freundschaft und Solidarität

Die Förderung von Freundschaft und Solidarität innerhalb der religiösen Gemeinschaft verstärkt die Bindung der Anhänger zur Führungsperson. Die Führungsperson schafft ein Gefühl der Zusammengehörigkeit und betont, dass die Gemeinschaft der einzige Ort ist, an dem wahre Solidarität gefunden werden kann. Die Anhänger fühlen sich dadurch enger mit der Gemeinschaft und der Führungsperson verbunden.

Schritt 49: Nutzung von Kontrolle und Überwachung

Die Einführung von Kontrolle und Überwachung innerhalb der religiösen Gemeinschaft dient dazu, das Verhalten der Anhänger zu steuern. Die Führungsperson kann Regeln und Vorschriften aufstellen, um sicherzustellen, dass die Anhänger den Lehren gehorchen. Dies schafft eine Atmosphäre der Abhängigkeit und verstärkt die Bindung zur Gemeinschaft.

Schritt 50: Manipulation von Angst und Unsicherheit

Die Ausnutzung von Angst und Unsicherheit verstärkt die Bindung der Anhänger zur religiösen Führung. Der Priester präsentiert den Glauben als einzigen Weg, um Schutz vor drohenden Gefahren oder negativen Ereignissen zu finden. Die Anhänger werden dazu gebracht, sich an die Gemeinschaft zu klammern, um Sicherheit zu suchen.

Schritt 51: Schaffung von Dualität und Polarität

Die Einführung von dualistischen Konzepten, die die Welt in Gut und Böse, Licht und Dunkelheit aufteilen, verstärkt die Bindung der Anhänger zur religiösen Gemeinschaft. Die Führungsperson nutzt diese Dualität, um die Anhänger dazu zu bringen, sich auf der Seite des Guten und der Gemeinschaft zu positionieren. Dadurch entsteht eine starke emotionale Bindung.

Schritt 52: Einbindung von Spiritualität in den Alltag

Die Integration von spirituellen Praktiken und Ritualen in den Alltag der Anhänger stärkt die Bindung zur religiösen Gemeinschaft. Die Führungsperson schafft eine konstante Präsenz des Glaubens im Leben der Anhänger, was ihre Hingabe vertieft und ihre Abhängigkeit erhöht.

Schritt 53: Nutzung von Pilgerfahrten und Heiligtümern

Die Organisation von Pilgerfahrten zu heiligen Orten und Heiligtümern intensiviert die spirituelle Erfahrung der Anhänger und verstärkt die Bindung zur religiösen Führung. Die Führungsperson nutzt diese Reisen, um die emotionale Verbindung der Anhänger zur Gemeinschaft zu stärken und ihre Loyalität zu festigen.

Schritt 54: Verzerrung von Geschichte und Fakten

Die Verzerrung von Geschichte und Fakten, um die Narrative der religiösen Gemeinschaft zu unterstützen, verstärkt die Bindung der Anhänger zur Führungsperson. Die Führungsperson beeinflusst die Wahrnehmung der Anhänger, um die Glaubwürdigkeit ihrer Position zu stärken und ihre Abhängigkeit zu erhöhen.

Schritt 55: Einbindung von Kunst und Ästhetik

Die Nutzung von Kunst, Musik und Ästhetik schafft eine emotionale Verbindung zur religiösen Botschaft und verstärkt die Bindung der Anhänger zur religiösen Gemeinschaft. Die Führungsperson erzeugt sinnliche Erfahrungen, die die emotionale Bindung der Anhänger stärken und ihre Hingabe vertiefen.

Schritt 56: Fördern von Opferbereitschaft und Hingabe

Die Betonung von Opferbereitschaft und Hingabe als Zeichen wahrer Gläubigkeit verstärkt die Abhängigkeit der Anhänger von der religiösen Gemeinschaft. Die Führungsperson nutzt diese Werte, um die Anhänger enger an sich zu binden und ihre Loyalität zu festigen.

Schritt 57: Ausnutzung von sozialen Netzwerken

Die Etablierung einer starken Präsenz in sozialen Netzwerken und Online-Plattformen ermöglicht es der Führungsperson, die Botschaft der religiösen Gemeinschaft zu verbreiten und neue Anhänger zu erreichen. Dies verstärkt die Bindung der Anhänger zur religiösen Führung, da sie ständig mit der Botschaft konfrontiert werden.

Schritt 58: Schaffen von Mysterien und Geheimnissen

Die Einführung von geheimen Lehren, Symbolen oder Ritualen, die nur Eingeweihten offenbart werden, weckt die Neugier der Anhänger und stärkt ihre Bindung zur religiösen Gemeinschaft. Die Führungsperson nutzt diese Mysterien, um das Gefühl der Exklusivität zu fördern und die Abhängigkeit zu verstärken.

Schritt 59: Erzeugung von Gemeinschaft und Zugehörigkeit

Die Förderung des Gemeinschaftsgefühls und der Zugehörigkeit innerhalb der religiösen Gruppe stärkt die emotionale Bindung der Anhänger zur Führungsperson. Die Führungsperson betont die Unterstützung und die emotionale Verbundenheit, die die Anhänger durch die Gemeinschaft erfahren, was ihre Abhängigkeit verstärkt.

Schritt 60: Schaffung von Symbolen und Ikonen

Die Einführung von Symbolen und Ikonen, welche die Identität und Botschaft der religiösen Gemeinschaft repräsentieren, stärkt die Bindung der Anhänger zur Führungsperson. Diese Symbole dienen als visuelle Erinnerung an den Glauben und fördern eine starke Verbindung zur Gemeinschaft.

Schritt 61: Einbindung von Musik und Gesang

Die Verwendung von Musik und Gesang intensiviert die spirituelle Erfahrung der Anhänger und verstärkt ihre Bindung zur religiösen Gemeinschaft. Die Führungsperson schafft emotionale Verbindungen durch musikalische Darbietungen, die den Glauben unterstützen und die Anhänger näher an sich binden.

Schritt 62: Manipulation von Heilsversprechen

Das Versprechen von Heilung, Erfolg oder Glück durch die Einhaltung der religiösen Lehren erhöht die Abhängigkeit der Anhänger von der religiösen Gemeinschaft. Die Führungsperson nutzt diese Versprechen, um die Anhänger enger an sich zu binden und ihre Loyalität zu stärken.

Schritt 63: Schaffung von Erwartung und Vorfreude

Die Förderung von Erwartung und Vorfreude auf zukünftige spirituelle Erfahrungen oder Ereignisse verstärkt die Bindung der Anhänger zur religiösen Botschaft. Die Führungsperson erzeugt eine kontinuierliche Spannung, die die emotionale Bindung der Anhänger stärkt und ihre Hingabe vertieft.

Schritt 64: Ausnutzung von Krisen und Unsicherheit

Die Nutzung von Krisen und Unsicherheit, um die Anhänger enger an die religiöse Gemeinschaft zu binden, verstärkt die Abhängigkeit der Anhänger von der Führungsperson. Die Führungsperson präsentiert den Glauben als sicheren Hafen und einzigen Ausweg aus schwierigen Zeiten, was die Bindung zur Gemeinschaft festigt.

Schritt 65: Einflussnahme auf Bildung und Erziehung

Die Lenkung der Bildung und Erziehung der Anhänger in Richtung der religiösen Lehren schafft eine generationsübergreifende Bindung zur religiösen Gemeinschaft. Die Führungsperson beeinflusst Lehrpläne und Lehrmaterialien, um sicherzustellen, dass die Anhänger den Glauben als integralen Teil ihres Lebens betrachten.

Schritt 66: Schaffen von mystischer Erfahrung

Die Förderung mystischer Erfahrungen, bei denen die Anhänger eine direkte Verbindung zum Göttlichen spüren, intensiviert die spirituelle Bindung und verstärkt die Loyalität zur religiösen Führung. Die Führungsperson nutzt diese Erfahrungen, um die Anhänger tiefer in den Glauben einzubinden.

Schritt 67: Manipulation von Spiritualität und Selbstfindung

Die Präsentation des Glaubens als den einzigen Weg zur wahren Spiritualität und Selbstfindung lenkt die Suche nach Bedeutung und Sinn in Richtung der religiösen Lehren. Die Führungsperson nutzt diese Lenkung, um die Anhänger enger an sich zu binden und ihre Abhängigkeit zu erhöhen.

Schritt 68: Erzeugung von Gruppenidentität durch Kleidung und Symbole

Die Förderung des Tragens bestimmter Kleidung oder Symbole zur Darstellung der Zugehörigkeit zur religiösen Gemeinschaft verstärkt die emotionale Bindung der Anhänger zur Führungsperson. Die Führungsperson schafft eine äußere Identifikation, die die Bindung der Anhänger an die Gemeinschaft intensiviert.

Schritt 69: Nutzung von Wohltätigkeitsprojekten und sozialen Aktivitäten

Die Einbindung von Wohltätigkeitsprojekten und sozialen Aktivitäten innerhalb der religiösen Gemeinschaft verstärkt die Bindung der Anhänger zur Führungsperson. Die Führungsperson nutzt diese Aktivitäten, um das Gefühl der Zusammengehörigkeit zu fördern (Wir sind die Guten!) und die Anhänger enger an die Gemeinschaft zu binden.

Schritt 70: Ausnutzung von Gruppenzwang und Konformität

Die Förderung von Gruppenzwang und Konformität zur Steuerung des Verhaltens der Anhänger verstärkt die Bindung der Anhänger zur Führungsperson. Die Führungsperson nutzt sozialen Druck, um die

Einhaltung der religiösen Regeln und Normen sicherzustellen und die Abhängigkeit zu erhöhen.

Schritt 71: Ständige Weiterentwicklung der Manipulationstaktiken

Die fortlaufende Anpassung der Manipulationstaktiken an sich wandelnde Zeiten und Technologien dient dazu, die Effektivität der Beeinflussung aufrechtzuerhalten. Die Führungsperson passt ihre Methoden an, um die Bindung der Anhänger an die religiöse Gemeinschaft stetig zu stärken und deren Abhängigkeit zu festigen.

Schritt 72: Förderung von Selbstzensur und Unterdrückung

Die Ermutigung zur Selbstzensur und das Unterdrücken kritischer Gedanken innerhalb der religiösen Gemeinschaft dienen dazu, die Abhängigkeit der Anhänger von der Führungsperson zu verstärken. Die Führungsperson schafft eine Atmosphäre, in der das Hinterfragen der Lehren als negativ angesehen wird, um die Bindung der Anhänger zur Gemeinschaft zu intensivieren.

Schritt 73: Ausnutzung von Gruppendenken

Die Förderung von Gruppendenken und die Annahme gemeinsamer Überzeugungen innerhalb der religiösen Gemeinschaft erhöhen die Abhängigkeit der Anhänger von der Führungsperson. Die Führungsperson schafft eine Atmosphäre, in der Abweichung von der Norm als Bedrohung wahrgenommen wird, um die Bindung der Anhänger zur Gemeinschaft zu verstärken.

Schritt 74: Schaffung von Geheimhaltung und Verschwörungen

Die Einführung von geheimen Lehren, Verschwörungstheorien oder exklusivem Wissen, das nur Eingeweihten offenbart wird, dient dazu, die Neugier der Anhänger zu wecken und ihre Abhängigkeit von der Führungsperson zu erhöhen. Die Führungsperson nutzt diese Geheimnisse, um die Bindung zur religiösen Gemeinschaft zu stärken und die Anhänger enger an sich zu binden.

Schritt 75: Manipulation von Lebensereignissen

Die Deutung persönlicher Lebensereignisse und Umstände als Ergebnis der Zustimmung oder Missachtung der religiösen Lehren verstärkt die Abhängigkeit der Anhänger von der Führungsperson. Die Führungsperson nutzt diese Interpretation, um die Bindung zur religiösen Gemeinschaft zu erhöhen und die Anhänger enger an sich zu binden.

Schritt 76: Manipulation von Glaubenszweifeln

Die Förderung des Glaubens, dass Zweifel und Unsicherheit Anzeichen von Schwäche sind, verstärkt die Abhängigkeit der Anhänger von der Führungsperson. Die Führungsperson ermutigt die Anhänger, Zweifel zu unterdrücken und sich verstärkt den religiösen Lehren zu verschreiben, um die Bindung zur Gemeinschaft zu intensivieren.

Schritt 77: Ausnutzung von Schuldgefühlen und Buße

Die Schaffung eines ständigen Zustands von Schuldgefühlen und die Förderung regelmäßiger Bußübungen dienen der Erlösung und stärken die Bindung der Anhänger zur religiösen Führung. Die Führungsperson nutzt diese Schuldgefühle, um die Abhängigkeit der Anhänger zu verstärken und ihre Bindung zur Gemeinschaft zu festigen.

Schritt 78: Manipulation von Gesundheit und Wohlbefinden

Die Präsentation des Glaubens als direkten Einfluss auf die körperliche und geistige Gesundheit erhöht die Abhängigkeit der Anhänger von der Führungsperson. Die Führungsperson nutzt diese Vorstellung, um die Bindung zur religiösen Gemeinschaft zu stärken und ihre Macht über die Anhänger zu intensivieren.

Schritt 79: Ausnutzung von Autoritätspersonen

Die Einbindung von weiteren Autoritätspersonen neben der Führungsperson verstärkt die Glaubwürdigkeit der religiösen Lehren. Die Anhänger werden dazu gebracht, diesen Autoritätspersonen zu vertrauen und ihre Bindung zur Gemeinschaft zu stärken.

Schritt 80: Manipulation von Glaubwürdigkeit und Reputation

Die Schaffung einer positiven Reputation und Glaubwürdigkeit für die religiöse Gemeinschaft stärkt das Vertrauen der Anhänger. Die Führungsperson nutzt diesen Ruf, um die Bindung zur Gemeinschaft zu intensivieren und ihre Abhängigkeit zu erhöhen.

Schritt 81: Nutzung von Spiritualität in der Natur

Die Einbindung von spirituellen Praktiken in die Natur verstärkt die Verbundenheit der Anhänger zur religiösen Botschaft. Die Führungsperson nutzt diese Erfahrungen, um die emotionale Bindung der Anhänger zur Gemeinschaft zu stärken.

Schritt 82: Manipulation von Werten und Idealen

Die Anpassung von Werten und Idealen der Anhänger an die religiösen Lehren fördert die Identifikation mit der Gemeinschaft. Die Führungsperson nutzt diese Anpassung, um die Bindung zur Gemeinschaft zu intensivieren und die Abhängigkeit der Anhänger zu erhöhen.

Schritt 83: Manipulation von Bedürfnissen und Verlangen

Die gezielte Ansprache grundlegender Bedürfnisse und Verlangen der Anhänger dient dazu, ihre Bindung an die religiöse Gemeinschaft zu verstärken. Führungspersonen nutzen diese Taktik, um die Abhängigkeit der Anhänger zu intensivieren und ihre Loyalität zur Gemeinschaft zu erhöhen.

Schritt 84: Nutzung von Geschichten und Parabeln

Die Verwendung von inspirierenden Geschichten und Parabeln unterstützt die Verankerung der religiösen Botschaft im Denken der Anhänger. Die Führungsperson nutzt diese Geschichten, um die Lehren zu untermauern und die Bindung der Anhänger zur Gemeinschaft zu verstärken.

Schritt 85: Ausnutzung von Identitätskrise

Die Ausnutzung von Identitätskrisen bei den Anhängern fördert die

Bereitschaft, sich der religiösen Gemeinschaft anzuschließen. Die Führungsperson nutzt diese Unsicherheit, um die Bindung zur Gemeinschaft zu stärken und die Abhängigkeit der Anhänger zu erhöhen. Durch gezielte Ansprache der persönlichen Zweifel und Ängste bietet die Gemeinschaft scheinbar sichere Lösungen und Zugehörigkeit. Diese Manipulation vertieft das Vertrauen der Anhänger und macht sie empfänglicher für weitere Kontrolle.

Schritt 86: Manipulation von Kritik und Opposition

Die Diskreditierung von Kritik und Opposition stärkt das Vertrauen der Anhänger in die religiöse Führung. Die Führungsperson nutzt diese Taktik, um die Bindung der Anhänger zur Gemeinschaft zu intensivieren und ihre Kontrolle über sie zu erhöhen. Indem kritische Stimmen als feindlich oder unwissend dargestellt werden, wird ein Umfeld geschaffen, in dem abweichende Meinungen unterdrückt und loyaler Gehorsam gefördert werden. Dies führt dazu, dass die Gemeinschaft sich noch enger zusammenschließt und die Macht der Führungsperson weiter gefestigt wird.

Schritt 87: Nutzung von Gemeinschaftsfeiern und Festen

Die Einführung von Gemeinschaftsfeiern und Festen stärkt das Gefühl der Zusammengehörigkeit innerhalb der religiösen Gemeinschaft. Die Führungsperson nutzt diese Gelegenheiten, um die Bindung der Anhänger zur Gemeinschaft zu festigen und ihre Abhängigkeit zu erhöhen.

Schritt 88: Manipulation von Ängsten vor Strafe

Das Schüren von Ängsten vor möglicher Strafe oder Konsequenzen verstärkt die Abhängigkeit der Anhänger von der religiösen Gemeinschaft. Die Führungsperson nutzt diese Ängste, um die Bindung zur Gemeinschaft zu intensivieren und ihre Kontrolle über die Anhänger zu festigen. Indem sie die Vorstellung von drohenden Gefahren außerhalb der Gemeinschaft aufrechterhält, wird ein Gefühl der Sicherheit und Geborgenheit innerhalb der Gemeinschaft erzeugt. Dies führt dazu, dass die Anhänger noch loyaler und gehorsamer werden, wodurch die Macht der Führungsperson weiter gestärkt wird.

Schritt 89: Ausnutzung von Neugier und Faszination

Die Erzeugung von Neugier und Faszination für geheime Lehren und Rituale bindet die Anhänger enger an die religiöse Gemeinschaft. Die Führungsperson nutzt diese Neugier, um die Bindung zur Gemeinschaft zu stärken und ihre Macht über die Anhänger zu erhöhen.

Schritt 90: Manipulation von Stolz und Eitelkeit

Die Ansprache des Stolzes und der Eitelkeit der Anhänger verstärkt ihre Identifikation mit der religiösen Gemeinschaft. Die Führungsperson nutzt diese Ansprache, um die Bindung zur Gemeinschaft zu intensivieren und die Loyalität der Anhänger zu erhöhen. Durch das Hervorheben der besonderen Rolle und Bedeutung der Anhänger innerhalb der Gemeinschaft wird deren Selbstwertgefühl gesteigert. Diese Taktik fördert ein starkes Zugehörigkeitsgefühl und macht es den Anhängern schwerer, sich von der Gemeinschaft zu distanzieren.

Schritt 91: Nutzung von Bildern und Symbolen

Die Verwendung von symbolischen Bildern verstärkt die visuelle Identifikation der Anhänger mit der religiösen Botschaft. Die Führungsperson nutzt diese Symbole, um die Lehren zu visualisieren und die Bindung der Anhänger zur Gemeinschaft zu festigen. Diese Symbole dienen als ständig präsente Erinnerungen an die Werte und Ideale der Gemeinschaft. Durch ihre emotionale und ästhetische Wirkung schaffen sie eine tiefere emotionale Verbindung, die das Zugehörigkeitsgefühl der Anhänger stärkt und ihre Loyalität zur Gemeinschaft weiter festigt.

Schritt 92: Nutzung von Gruppenverantwortung und -zweck

Die Betonung der Verantwortung jedes Einzelnen für das Wohl der Gruppe erhöht das Engagement der Anhänger in der religiösen Gemeinschaft. Die Führungsperson nutzt diesen gemeinsamen Zweck, um die Bindung zur Gemeinschaft zu intensivieren und die Loyalität der

Anhänger zu stärken.

Schritt 93: Manipulation von Aberglauben und Magie

Die Förderung von Aberglauben und der Glaube an magische Einflüsse stärkt die Bindung der Anhänger an die religiöse Gemeinschaft. Die Führungsperson nutzt diesen Glauben, um die Abhängigkeit der Anhänger zu erhöhen und ihre Kontrolle über sie zu festigen. Durch die Verbreitung und Bestätigung von übernatürlichen Phänomenen wird ein Gefühl der Unsicherheit und des Bedürfnisses nach Schutz erzeugt. Dies macht die Anhänger empfänglicher für die Anweisungen und Lehren der Führungsperson, da sie diese als notwendig für ihre Sicherheit und ihr Wohlergehen betrachten.

Schritt 94: Ausnutzung von Opferbereitschaft für die Gemeinschaft

Die Betonung der Opferbereitschaft zugunsten der Gemeinschaft fördert das Gefühl von Zugehörigkeit und Hingabe. Die Führungsperson nutzt diese Hingabe, um die Bindung der Anhänger zur Gemeinschaft zu stärken und ihre Macht über sie zu erhöhen.

Schritt 95: Manipulation von Ängsten vor Abweichung

Das Schüren von Ängsten vor sozialer Ausgrenzung verstärkt die Konformität der Anhänger mit den religiösen Normen. Die Führungsperson nutzt diese Angst, um die Bindung zur Gemeinschaft zu intensivieren und ihre Kontrolle über die Anhänger zu festigen.

Schritt 96: Nutzung von Rivalität und Wettbewerb

Die Schaffung von Rivalität und Wettbewerb innerhalb der Gemeinschaft fördert den Einsatz der Anhänger für den Glauben. Die Führungsperson nutzt diesen Wettbewerb, um die Bindung der Anhänger zur Gemeinschaft zu stärken und ihre Abhängigkeit zu erhöhen.

Schritt 97: Manipulation von Ungewissheit und Zweifel

Die Nutzung von Unsicherheit und Zweifel verstärkt die Suche der Anhänger nach Stabilität und Gewissheit im Glauben. Die

Führungsperson nutzt diese Unsicherheit, um die Bindung zur Gemeinschaft zu intensivieren und ihre Kontrolle über die Anhänger zu festigen.

Schritt 98: Ausnutzung von Abhängigkeit von Führung

Die Schaffung einer starken Abhängigkeit von der religiösen Führung bindet die Anhänger enger an die Gemeinschaft. Die Führungsperson nutzt diese Abhängigkeit, um die Bindung der Anhänger zu stärken und ihre Macht über sie zu erhöhen.

Schritt 99: Manipulation von Geschlechterrollen und Beziehungen

Die Beeinflussung von Geschlechterrollen und Beziehungen innerhalb der Gemeinschaft stärkt die Bindung der Anhänger an den Glauben. Die Führungsperson nutzt diese Beeinflussung, um die Bindung zur Gemeinschaft zu intensivieren und ihre Kontrolle über die Anhänger zu festigen.

Schritt 100: Nutzung von Gemeinschaftsdruck und -zugehörigkeit

Die Anwendung von sozialem Druck und die Betonung der Zugehörigkeit zur Gemeinschaft fördern die Einhaltung der religiösen Regeln. Die Führungsperson nutzt diesen Druck, um die Bindung der Anhänger zur Gemeinschaft zu stärken und ihre Abhängigkeit zu erhöhen.

Schritt 101: Manipulation von Selbstwertgefühl und Identität

Die Beeinflussung des Selbstwertgefühls und der Identität der Anhänger verstärkt ihre Bindung an die religiöse Gemeinschaft. Die Führungsperson nutzt diese Beeinflussung, um die Selbstwahrnehmung der Anhänger zu formen und ihre Abhängigkeit zu erhöhen.

Schritt 102: Ausnutzung von gemeinsamen Feinden

Die Identifizierung gemeinsamer Feinde stärkt das Zusammengehörigkeitsgefühl der Anhänger in der religiösen Gemeinschaft. Die Führungsperson nutzt diese Feindbilder, um die Bindung der Anhänger zur Gemeinschaft zu stärken und ihre Loyalität zu erhöhen.

Schritt 103: Manipulation von Trauer und Trost

Die Nutzung von Trauer und dem Versprechen von Trost durch den Glauben bindet die Anhänger enger an die religiöse Gemeinschaft. Die Führungsperson nutzt diese Emotionen, um die Bindung zur Gemeinschaft zu intensivieren und ihre Macht über die Anhänger zu festigen.

Schritt 104: Förderung von Extremen und Fanatismus

Die Förderung von extremen Ansichten und fanatischem Verhalten bindet die Anhänger stärker an den Glauben. Die Führungsperson nutzt diese Intensität, um die Bindung der Anhänger zur Gemeinschaft zu stärken und ihre Abhängigkeit zu erhöhen.

Schritt 105: Förderung von Abgrenzung gegenüber Außenstehenden

Die Förderung einer starken Abgrenzung von Außenstehenden stärkt das Zusammengehörigkeitsgefühl der Anhänger in der religiösen Gemeinschaft. Die Führungsperson nutzt diese Abgrenzung, um die Bindung zur Gemeinschaft zu intensivieren und ihre Loyalität zu erhöhen.

Schritt 106: Manipulation von Altruismus und Gemeinschaftsdienst

Die Betonung von Altruismus und Gemeinschaftsdienst stärkt das Engagement der Anhänger für den Glauben. Die Führungsperson nutzt diesen Einsatz, um die Bindung der Anhänger zur Gemeinschaft zu stärken und ihre Abhängigkeit zu erhöhen.

Schritt 107: Nutzung von abstrakten Konzepten und Symbolen

Die Verwendung von abstrakten Konzepten und Symbolen verstärkt die Bindung der Anhänger an die religiöse Gemeinschaft. Die Führungsperson nutzt diese Konzepte, um die Abstraktion des Glaubens zu fördern und ihre Macht über die Anhänger zu festigen.

Schritt 108: Manipulation von Neugierde und Geheimnis

Die Ausnutzung von Neugier und das Versprechen geheimer

Erkenntnisse bindet die Anhänger enger an den Glauben. Die Führungsperson nutzt diese Geheimnisse, um die Bindung zur Gemeinschaft zu intensivieren und ihre Kontrolle über die Anhänger zu erhöhen.

Schritt 109: Förderung von Eifer und Hingabe

Die Betonung von Eifer und Hingabe stärkt das Engagement der Anhänger für den Glauben. Die Führungsperson nutzt diese Hingabe, um die Bindung der Anhänger zur Gemeinschaft zu stärken und ihre Abhängigkeit zu erhöhen.

Schritt 110: Manipulation von Intellektuellen und Gebildeten

Die Beeinflussung von Intellektuellen und Gebildeten in der Gemeinschaft verstärkt die Glaubwürdigkeit des Glaubens und bindet diese Anhänger enger an die religiöse Gemeinschaft. Die Führungsperson nutzt diese Beeinflussung, um die Bindung der Anhänger zur Gemeinschaft zu intensivieren und ihre Kontrolle über ihre Gedanken und Überzeugungen zu verstärken.

Schritt 111: Nutzung von Charismatischem Leadership

Die Ausstrahlung charismatischer Führungspersonen übt eine starke Anziehungskraft auf die Anhänger aus und bindet sie enger an den Glauben. Die Führungsperson nutzt ihre charismatische Präsenz, um die Bindung zur Gemeinschaft zu stärken und ihre Macht über die Anhänger zu festigen.

Schritt 112: Manipulation von Familie und sozialen Beziehungen

Die Beeinflussung von familiären und sozialen Beziehungen stärkt die Abhängigkeit der Anhänger von der religiösen Gemeinschaft. Die Führungsperson nutzt diese Einflussnahme, um die Bindung der Anhänger zur Gemeinschaft zu intensivieren und ihre Loyalität zu erhöhen.

Schritt 113: Förderung von Kritiklosigkeit und Gehorsam

Die Betonung von Kritiklosigkeit und bedingungslosen Gehorsam gegenüber der Führungsperson bindet die Anhänger enger an den Glauben. Die Führungsperson nutzt diese Unterwerfung, um die Bindung zur Gemeinschaft zu stärken und ihre Macht über die Anhänger zu festigen.

Schritt 114: Manipulation von Schicksal und Vorherbestimmung

Die Betonung von Schicksal und Vorherbestimmung durch den Glauben bindet die Anhänger enger an die religiöse Gemeinschaft. Die Führungsperson nutzt diese Vorstellungen, um die Bindung zur Gemeinschaft zu intensivieren und ihre Macht über die Anhänger zu festigen.

Schritt 115: Ausnutzung von Gemeinschaftsführern und Vorbildern

Die Verwendung von Gemeinschaftsführern und Vorbildern stärkt die Identifikation der Anhänger mit dem Glauben. Die Führungsperson nutzt diese Vorbilder, um die Bindung zur Gemeinschaft zu stärken und die Macht über die Anhänger zu festigen.

Schritt 116: Manipulation von Gefühlen der Dankbarkeit

Die Betonung von Dankbarkeit gegenüber dem Glauben bindet die Anhänger enger an die religiöse Gemeinschaft. Die Führungsperson nutzt diese Dankbarkeit, um die Bindung zur Gemeinschaft zu intensivieren und ihre Macht über die Anhänger zu festigen.

Schritt 117: Ausnutzung von Naturverbundenheit und Ökologie

Die Förderung von Naturverbundenheit und ökologischem Bewusstsein verstärkt das Engagement der Anhänger für den Glauben. Die Führungsperson nutzt diese Verbindung zur Natur, um die Bindung der Anhänger zur Gemeinschaft zu stärken und ihre Abhängigkeit zu erhöhen.

Schritt 118: Manipulation von Wissenschaft und Rationalität

Die gezielte Manipulation von wissenschaftlichen Erkenntnissen und rationalen Argumenten lenkt die Anhänger in eine bestimmte

Denkrichtung. Die Führungsperson nutzt diese Beeinflussung, um die Bindung zur religiösen Gemeinschaft zu intensivieren und ihre Kontrolle über die Überzeugungen der Anhänger zu verstärken.

Schritt 119: Ausnutzung von Ängsten vor Veränderung

Die gezielte Ansprache von Ängsten vor Veränderung und Unsicherheit verstärkt die Bindung der Anhänger zur religiösen Gemeinschaft. Die Führungsperson nutzt diese Ängste, um den Glauben als stabilen Anker in turbulenten Zeiten darzustellen und die Abhängigkeit zu erhöhen.

Schritt 120: Ausnutzung von persönlichen Schwächen

Die Identifizierung und Ausnutzung individueller Schwächen und Unsicherheiten der Anhänger verstärken ihre Abhängigkeit von der religiösen Führung. Die Führungsperson nutzt diese Erkenntnisse, um sich als Retter und Lösungsträger darzustellen und die Bindung zur Gemeinschaft zu stärken.

Schritt 121: Manipulation von Kreativität und Selbstausdruck

Die Lenkung der Kreativität und des Selbstausdrucks der Anhänger in Richtung der religiösen Botschaft festigt die Bindung zur Gemeinschaft. Die Führungsperson nutzt diese Lenkung, um den Glauben als den wahren Ausdruck der Identität der Anhänger zu präsentieren und ihre Abhängigkeit zu erhöhen.

Schritt 122: Nutzung von Ritualen der Reinigung und Erneuerung

Die Einführung von Ritualen der Reinigung und Erneuerung verstärkt die emotionale Bindung der Anhänger zur religiösen Gemeinschaft. Die Führungsperson nutzt diese Rituale, um den Glauben als Quelle der spirituellen Läuterung und des Neuanfangs zu präsentieren und die Abhängigkeit der Anhänger zu steigern.

Schritt 123: Nutzung von Dissonanzreduktion

Die Einbindung von Dissonanzreduktion verstärkt die Bindung der Anhänger zur religiösen Gemeinschaft. Die Führungsperson nutzt bewusst psychologische Mechanismen, um kognitive Dissonanzen bei den Anhängern zu reduzieren und den Glauben als Lösung für Unstimmigkeiten darzustellen, was die Bindung zur Führungsperson intensiviert.

Schritt 124: Nutzung von Gruppendruck und Anpassung

Die Förderung von Gruppendruck und Anpassung innerhalb der religiösen Gemeinschaft steigert die Abhängigkeit der Anhänger von der Führungsperson. Diese nutzt diesen Druck, um die Einhaltung der religiösen Normen und Werte zu fördern und die Bindung zur Gemeinschaft zu festigen.

Schritt 125: Ausnutzung von Mangel an Alternativen

Die Schaffung eines Umfelds, in dem es scheinbar keine anderen akzeptablen Alternativen gibt, verstärkt die Abhängigkeit der Anhänger von der religiösen Gemeinschaft. Die Führungsperson nutzt diese Wahrnehmung, um den Glauben als die einzige Möglichkeit darzustellen, die ihre Bedürfnisse erfüllen kann, und die Bindung der Anhänger zu festigen.

Schritt 126: Manipulation von Begeisterung und Idealismus

Die Ausnutzung von Begeisterung und Idealismus der Anhänger verstärkt deren Bindung zur religiösen Gemeinschaft. Die Führungsperson nutzt diese Eigenschaften, um den Glauben als den ultimativen Weg zur Verwirklichung ihrer Träume und Ziele zu präsentieren und die Abhängigkeit der Anhänger zu erhöhen.

Schritt 127: Manipulation von Vertrauen und Loyalität

Die gezielte Manipulation von Vertrauen und Loyalität der Anhänger erhöht deren Bindung zur religiösen Gemeinschaft. Die Führungsperson nutzt diese Manipulation, um den Glauben als eine verlässliche und unverzichtbare Quelle der Unterstützung und Orientierung darzustellen und die Abhängigkeit der Anhänger zu steigern.

Schritt 128: Nutzung von Verpflichtung und Verantwortung

Die Betonung von Verpflichtung und Verantwortung gegenüber der religiösen Gemeinschaft stärkt die Bindung der Anhänger zur Führungsperson. Diese nutzt diese Betonung, um den Glauben als einen integralen Teil des Lebens und der Identität der Anhänger darzustellen und die Abhängigkeit zu erhöhen.

Schritt 129: Ausnutzung von sozialer Hierarchie und Status

Die Nutzung der sozialen Hierarchie und des Status innerhalb der religiösen Gemeinschaft stärkt die Bindung der Anhänger zur Führungsperson. Diese nutzt diese Hierarchie, um den Glauben als Quelle von Anerkennung und Respekt darzustellen und die Abhängigkeit der Anhänger zu erhöhen.

Schritt 130: Manipulation von Identifikation und Selbstausdruck

Die gezielte Manipulation von Identifikation und Selbstausdruck der Anhänger verstärkt deren Bindung zur religiösen Gemeinschaft. Die Führungsperson nutzt diese Manipulation, um den Glauben als Mittel zur Selbsterkenntnis und Selbstentfaltung darzustellen und die Abhängigkeit der Anhänger zu intensivieren.

Schritt 131: Nutzung von Gemeinschaftsveranstaltungen

Die Veranstaltung von Gemeinschaftsaktivitäten und Veranstaltungen verstärkt die Bindung der Anhänger zur religiösen Gemeinschaft. Die Führungsperson nutzt diese Veranstaltungen, um den Glauben als Quelle von Gemeinschaft und Zusammengehörigkeit darzustellen und die Abhängigkeit der Anhänger zu erhöhen.

Schritt 132: Nutzung von Räumen und Orten

Die Nutzung von speziellen Räumen und Orten verstärkt die Bindung der Anhänger zur religiösen Gemeinschaft. Die Führungsperson nutzt diese Räume, um den Glauben als Ort der spirituellen Kraft und Bedeutung zu etablieren, was die Abhängigkeit der Anhänger erhöht.

Schritt 133: Nutzung von Musik und Kunst

Die Einbindung von Musik und Kunst verstärkt die Bindung der Anhänger zur religiösen Gemeinschaft. Die Führungsperson nutzt diese Ausdrucksformen, um den Glauben als inspirierend und emotional bewegend darzustellen, was die Abhängigkeit der Anhänger erhöht.

Schritt 134: Nutzung von Kunst, Kunsthandwerk und Handarbeit

Die Einbindung von Kunst und Kunsthandwerk verstärkt die Bindung der Anhänger zur religiösen Gemeinschaft. Die Führungsperson nutzt diese Fertigkeiten, um den Glauben als Quelle von Kreativität und Hingabe darzustellen, was die Abhängigkeit der Anhänger erhöht.

Schritt 135: Manipulation von Spiritualität und Suche nach Sinn

Die gezielte Manipulation von Spiritualität und der Suche nach Sinn stärkt die Bindung der Anhänger zur Führungsperson. Diese nutzt diese Manipulation, um den Glauben als den einzigen Weg zur Erfüllung spiritueller Bedürfnisse darzustellen, was die Abhängigkeit der Anhänger intensiviert.

Schritt 136: Manipulation von Freizeit und Erholung

Die gezielte Manipulation von Freizeit und Erholung stärkt die Bindung der Anhänger zur Führungsperson. Diese nutzt diese Manipulation, um den Glauben als Quelle von Sinn und Erfüllung in der Freizeit darzustellen, was die Abhängigkeit der Anhänger intensiviert.

Schritt 137: Nutzung von kreativen Ausdrucksformen

Die Einbindung von kreativen Ausdrucksformen verstärkt die Bindung der Anhänger zur religiösen Gemeinschaft. Die Führungsperson nutzt Kunst, Musik und kreatives Schaffen, um den Glauben als Inspirationsquelle für persönlichen Ausdruck darzustellen, was die Abhängigkeit der Anhänger erhöht.

Schritt 138: Manipulation von Identität und Zugehörigkeit

Die gezielte Manipulation von Identität und Zugehörigkeit stärkt die

Bindung der Anhänger zur Führungsperson. Diese nutzt diese Manipulation, um den Glauben als integrierten Bestandteil der individuellen Identität darzustellen, was die Abhängigkeit der Anhänger intensiviert.

Schritt 139: Nutzung von Gruppenevents und Veranstaltungen
Die Einbindung von Gruppenevents und Veranstaltungen verstärkt die Bindung der Anhänger zur religiösen Gemeinschaft. Die Führungsperson nutzt diese Veranstaltungen, um den Glauben als Gelegenheit zur Teilnahme an bedeutenden Ereignissen darzustellen, was die Abhängigkeit der Anhänger erhöht.

Schritt 140: Manipulation von Freiheit und Unabhängigkeit
Die gezielte Manipulation von Freiheit und Unabhängigkeit stärkt die Bindung der Anhänger zur Führungsperson. Diese nutzt diese Manipulation, um den Glauben als den wahren Weg zur inneren Freiheit darzustellen, was die Abhängigkeit der Anhänger intensiviert.

Schritt 141: Nutzung von Kindheit und Jugend
Die Einbindung von Kindheit und Jugend verstärkt die Bindung der Anhänger zur religiösen Gemeinschaft. Die Führungsperson nutzt diese Phase des Lebens, um den Glauben als lebenslangen Begleiter von Kindheit bis Erwachsenenalter darzustellen, was die Abhängigkeit der Anhänger erhöht.

Schritt 142: Manipulation von Selbstverwirklichung
Die gezielte Manipulation von Selbstverwirklichung stärkt die Bindung der Anhänger zur Führungsperson. Diese nutzt diese Manipulation, um den Glauben als den Weg zur vollen Entfaltung des individuellen Potenzials darzustellen, was die Abhängigkeit der Anhänger intensiviert.

Schritt 143: Nutzung von Lebenskrisen und Wendepunkten
Die Einbindung von Lebenskrisen und Wendepunkten verstärkt die Bindung der Anhänger zur religiösen Gemeinschaft. Die Führungsperson

nutzt diese Zeiten der Unsicherheit, um den Glauben als stabilen Anker in schwierigen Situationen darzustellen, was die Abhängigkeit der Anhänger erhöht.

Schritt 144: Nutzung von persönlichen Erfolgsgeschichten

Die Einbindung von persönlichen Erfolgsgeschichten verstärkt die Bindung der Anhänger zur religiösen Gemeinschaft. Die Führungsperson nutzt diese Geschichten, um den Glauben als Garant für individuelle Erfolge und Glück darzustellen, was die Abhängigkeit der Anhänger erhöht.

Schritt 145: Manipulation von Feindbildern und Konflikten

Die gezielte Manipulation von Feindbildern und Konflikten stärkt die Bindung der Anhänger zur Führungsperson. Diese nutzt diese Manipulation, um den Glauben als Schutz vor äußeren Bedrohungen darzustellen, was die Abhängigkeit der Anhänger intensiviert.

Schritt 146: Manipulation von generationsübergreifenden Bindung

Die gezielte Manipulation der generationsübergreifenden Bindung stärkt die Verbundenheit der Anhänger zur Führungsperson. Diese nutzt diese Manipulation, um den Glauben als vererbte Tradition und wichtigen Bestandteil der Familiengeschichte darzustellen, was die Abhängigkeit der Anhänger intensiviert.

Schritt 147: Nutzung von Ritualen in Schlüsselmomenten

Die Einbindung von Ritualen in Schlüsselmomenten verstärkt die Bindung der Anhänger zur religiösen Gemeinschaft. Die Führungsperson lenkt diese Rituale auf Lebensereignisse wie Geburt, Hochzeit und Tod, um den Glauben als unverzichtbaren Begleiter in entscheidenden Momenten darzustellen, was die Abhängigkeit der Anhänger erhöht.

Schritt 148: Manipulation von Freizeitgestaltung

Die gezielte Manipulation von Freizeitgestaltung stärkt die Bindung der Anhänger zur Führungsperson. Diese nutzt diese Manipulation, um den

Glauben als sinnvolle Beschäftigung in der Freizeit darzustellen, was die Abhängigkeit der Anhänger intensiviert.

Schritt 149: Nutzung von prominenten Unterstützern

Die Einbindung von prominenten Unterstützern verstärkt die Bindung der Anhänger zur religiösen Gemeinschaft. Die Führungsperson nutzt die Anerkennung und Glaubwürdigkeit von Prominenten, um den Glauben als attraktiv und erstrebenswert darzustellen, was die Abhängigkeit der Anhänger erhöht.

Schritt 150: Manipulation von Körper und Gesundheit

Die gezielte Manipulation von Körper und Gesundheit stärkt die Bindung der Anhänger zur Führungsperson. Diese nutzt diese Manipulation, um den Glauben als Quelle für körperliches und geistiges Wohlbefinden zu präsentieren, was die Abhängigkeit der Anhänger intensiviert.

Schritt 151: Nutzung von Vorbildern und Helden

Die Einbindung von Vorbildern und Helden verstärkt die Bindung der Anhänger zur religiösen Gemeinschaft. Die Führungsperson präsentiert herausragende Persönlichkeiten als beispielhafte Gläubige, was den Glauben als erstrebenswertes Ideal darstellt und die Abhängigkeit der Anhänger erhöht.

Schritt 152: Nutzung von Bildung und Wissen

Die Einbindung von Bildung und Wissen verstärkt die Bindung der Anhänger zur religiösen Gemeinschaft. Die Führungsperson betont die exklusiven Lehren und Erkenntnisse des Glaubens, um den Glauben als Quelle von tiefem Verständnis und Weisheit darzustellen, was die Abhängigkeit der Anhänger erhöht.

Schritt 153: Manipulation von Mitgefühl und Fürsorge

Die gezielte Manipulation von Mitgefühl und Fürsorge stärkt die Bindung der Anhänger zur Führungsperson. Diese nutzt diese Manipulation, um den Glauben als gelebte Nächstenliebe und Gemeinschaft der Fürsorge darzustellen, was die Abhängigkeit der Anhänger intensiviert.

Schritt 154: Nutzung von Freiheit und Befreiung
Die Einbindung von Freiheit und Befreiung verstärkt die Bindung der Anhänger zur religiösen Gemeinschaft. Die Führungsperson zeigt auf, wie der Glaube von allen Lebensfesseln befreit und wahre spirituelle Freiheit ermöglicht, was die Abhängigkeit der Anhänger erhöht.

Schritt 155: Nutzung von Schönheit und Harmonie
Die Einbindung von Schönheit und Harmonie verstärkt die Bindung der Anhänger zur religiösen Gemeinschaft. Die Führungsperson betont, wie der Glaube ein Leben in Einklang mit dem Göttlichen ermöglicht, was die Abhängigkeit der Anhänger erhöht.

Schritt 156: Manipulation von Heiligkeit und Reinheit
Die gezielte Manipulation von Heiligkeit und Reinheit stärkt die Bindung der Anhänger zur Führungsperson. Diese nutzt diese Manipulation, um den Glauben als Quelle innerer Reinheit und spiritueller Heiligkeit darzustellen, was die Abhängigkeit der Anhänger intensiviert.

Schritt 157: Nutzung von mystischen Erfahrungen
Die Einbindung von mystischen Erfahrungen verstärkt die Bindung der Anhänger zur religiösen Gemeinschaft. Die Führungsperson fördert Praktiken, die zu spirituellen Erlebnissen führen, um den Glauben als Tor zu direkter Verbindung mit dem Göttlichen zu präsentieren, was die Abhängigkeit der Anhänger erhöht.

Schritt 158: Manipulation von Glaubwürdigkeit und Autorität
Die gezielte Manipulation von Glaubwürdigkeit und Autorität verstärkt die Bindung der Anhänger zur Führungsperson. Die Führungsperson etabliert bewusst ihre eigene Glaubwürdigkeit und Autorität, um den Glauben als legitim und vertrauenswürdig darzustellen, was die Abhängigkeit erhöht.

Schritt 159: Manipulation von Visionen und Prophezeiungen

Die bewusste Manipulation von Visionen, Offenbarungen und Prophezeiungen verstärkt die Bindung der Anhänger zur Führungsperson. Indem solche Ereignisse als direkte Kommunikation von höheren Mächten präsentiert werden, wird die Glaubwürdigkeit der religiösen Botschaft gestärkt und die Anhänger werden überzeugt.

Schritt 160: Ständige Weiterentwicklung der Manipulationstaktiken

Die kontinuierliche Weiterentwicklung der Manipulationstaktiken verstärkt die Bindung der Anhänger zur Führungsperson. Indem die Manipulationstaktiken an sich ändernde Zeiten und Technologien angepasst werden, kann die Effektivität der Beeinflussung aufrechterhalten werden, was die Abhängigkeit der Anhänger erhöht und ihre Bindung zur Führungsperson verstärkt.

Schritt 161: Darstellung des Glaubens als etwas Positives und Beeinflussung der Selbstwahrnehmung

Die Manipulationstechnik, den Glauben als etwas ausgesprochen Positives darzustellen, spielt eine Schlüsselrolle in der Beeinflussung der Anhänger. Die Führungsperson präsentiert den Glauben als Quelle von Kraft, Trost und Sinn im Leben der Anhänger. Durch die Hervorhebung positiver Aspekte wie Hoffnung, Zusammengehörigkeitsgefühl und spirituelles Wachstum wird eine attraktive Aura um den Glauben gewoben.

Zusätzlich wird die Selbstwahrnehmung der Anhänger beeinflusst, indem suggeriert wird, dass der Glaube ihre Identität stärkt und ihre Existenz sinnvoll macht. Die Führungsperson hebt hervor, dass die Anhänger durch ihren Glauben eine höhere Bestimmung und einen höheren Zweck in ihrem Leben finden, was zu einer positiven Bewertung ihrer eigenen Bedeutung führt.

Die Darstellung des Glaubens als etwas Positives erzeugt eine emotionale Bindung der Anhänger an die religiöse Gemeinschaft. Der

Glaube wird als Quelle von Freude, innerem Frieden und Erfüllung präsentiert, wodurch die Anhänger eine tief empfundene Dankbarkeit gegenüber der Führungsperson und der religiösen Ideologie entwickeln. Diese positive Verbindung verstärkt die emotionale Abhängigkeit und festigt die Bindung der Anhänger zur Führungsperson.

Schritt 162: Ständige Wiederholung zur Festigung der Überzeugungen und Gehirnwäsche

Die ständige Wiederholung spielt eine entscheidende Rolle bei der Festigung der Überzeugungen der Anhänger und ist ein zentraler Bestandteil der Gehirnwäsche. Durch wiederholte Präsentation von Schlüsselbotschaften, Lehren und Ideologien wird eine tief verwurzelte mentale Verbindung geschaffen. Diese fortwährende Wiederholung dient dazu, die Glaubenssätze zu verinnerlichen und fest in das Bewusstsein der Anhänger zu verankern.

Indem wiederholt betont wird, dass die Lehren und Praktiken der Gruppe die einzige wahre und heilsbringende Pfade sind, wird nicht nur die Identität der Anhänger geformt, sondern auch ihre emotionalen Bindungen gestärkt. Die Führungsperson nutzt diese ständige Wiederholung, um eine Art mentale Autobahn im Denken der Anhänger zu schaffen, sodass alternative Perspektiven und Kritik abgewehrt werden.

Die scheinbare Konsistenz und Beständigkeit der Botschaften durch ständige Wiederholung verstärkt das Gefühl der Sicherheit und Verlässlichkeit, was die Anhänger noch mehr an die Führungsperson bindet. Diese fortgesetzte Wiederholung dient nicht nur der Festigung von Glaubenssätzen, sondern auch der Unterdrückung von Zweifeln und kritischen Gedanken, was eine tiefgreifende Form der Gehirnwäsche darstellt.

Es ist leicht, die Meinung der Bevölkerung zu beeinflussen, wenn diese auf verschiedenen Kanälen (Eltern, Schule, TV, Zeitungen, Staat ...), die ein und dieselbe Sichtweise gezeigt wird. Diese wird zu der nur einen denkbaren Wahrheit, dadurch setzt sich die Schweigespirale in Gang, die Menschen zensieren ihre Gedanken und Wörter, welche eine abweichende Sichtweise haben, diese bekommen das innere Gefühl zu einer kleinen Minderheit zu gehören und somit äußern diese ihre Meinung nicht. Die Menschen, welche eine abweichende Meinung in die Öffentlichkeit tragen könnten, tun dies nicht, aus einem Gefühl einer Minderheit anzugehören.

Insgesamt trägt die ständige Wiederholung, verbunden mit der gezielten Beeinflussung des Denkens, dazu bei, eine Atmosphäre der Unerschütterlichkeit zu schaffen, in der die Anhänger fest an die Lehren und Führung der Gruppe glauben. Die Kontinuität dieser Manipulationstaktik verstärkt somit die emotionale Abhängigkeit und Bindung der Anhänger zur Führungsperson durch eine subtile, aber wirkungsvolle Form der Gehirnwäsche.

Unangenehme Fragen zum Thema Religion, Gott, christliche Mythologie und mehr – Kognitive Dissonanz, Tabu und die Angst vor der Wahrheit

Oder: Die Macht der Fragen: Auf dem Weg zu einer aufgeklärten Gesellschaft

In unserer Gesellschaft gibt es Themen, die oft als Tabu gelten und vermieden werden, da sie unangenehme Fragen aufwerfen können. Ein solches Feld betrifft Religion, Glaube und vor allem die Aufklärung über die christliche Mythologie und deren Ideologien. Kritische Fragestellungen zu diesen Themen sind oftmals nicht gern gesehen. Die Konfrontation mit diesen Fragen kann kognitive Dissonanzen (Denk-Konflikte) auslösen, und die Furcht vor der unangenehmen Wahrheit sowie Unsicherheit darüber, ob das eigene Weltbild erschüttert werden könnte, führen dazu, dass bestimmte Fragen gemieden oder gar als Angriff auf den Glauben empfunden werden.

In diesem Kontext wollen wir uns dennoch mutig mit unangenehmen Fragen auseinandersetzen und sie offen und respektvoll diskutieren. Es ist wichtig zu verstehen, dass diese Fragen nicht dazu dienen, Menschen zu verletzen, sondern vielmehr dazu, einen kritischen Dialog zu fördern und verschiedene Perspektiven zu betrachten.

Die nachfolgenden Fragen zielen darauf ab, Aspekte der Religion, des Glaubens und der christlichen Mythologie zu beleuchten, die oft nicht ausreichend hinterfragt werden. Dabei geht es nicht darum, eine bestimmte Überzeugung zu propagieren, sondern vielmehr darum, das Bewusstsein für gesellschaftliche Themen zu schärfen und eine offene Diskussion zu ermöglichen.

Diese Fragen sollen zum Nachdenken anregen und eine kritische Reflexion über den Einfluss von Religionen und Glaubenssystemen auf unsere Gesellschaft ermöglichen. Offene Diskussionen und der Respekt vor unterschiedlichen Standpunkten sind entscheidend, um Vorurteile abzubauen und eine inklusive und tolerante Gesellschaft zu fördern. Lasst uns mutig sein, unangenehme Fragen zu stellen, um gemeinsam eine bessere und verständnisvollere Welt zu schaffen.

Mäeutik: Die Kunst des Fragens zur Selbsterkenntnis
Ein zentraler Ansatz zur Förderung einer aufgeklärten Gesellschaft ist die Anwendung der Mäeutik, einer Methode, die auf den sokratischen Dialog zurückgeht. Mäeutik bedeutet, durch geschickte Fragestellungen Menschen dazu zu bringen, selbst Lösungen und Erkenntnisse zu finden. Diese Technik ermutigt Einzelpersonen, tief in ihre eigenen Überzeugungen und Annahmen einzutauchen und sie kritisch zu hinterfragen.

Durch mäeutische Fragestellungen können wir die Oberfläche der Religionen durchbrechen und zu einer tieferen Einsicht gelangen. Anstatt vorgefertigte Antworten zu liefern, fordert die Mäeutik dazu auf, die eigene Denkweise zu reflektieren und zu erweitern. Dies führt nicht nur zu persönlichem Wachstum, sondern auch zu einer kollektiven Bewusstseinserweiterung.

Die folgenden Fragen sind mäeutischer Natur und sollen uns helfen, unsere eigene Wahrnehmung von Religion und Glaube zu hinterfragen.

"Sie waren nur ein Bauernopfer bei einem Schwindel."
Thomas B. Reichert

Fragen zum Thema: Vermittlung von Religion und Mythologie in Bildung, Wissenschaft und Medien

1. Warum bekommen Kinder in staatlichen Schulen ausgedachte Geschichten (Mythologie) als Realgeschichte präsentiert?

2. Warum werden in einigen religiösen Schulen und Bildungseinrichtungen wissenschaftliche Fakten oder moderne wissenschaftliche Theorien ignoriert oder abgelehnt?

3. Warum wird christliche Mythologie (mehrdeutige Märchen) in öffentlichen Rundfunkanstalten als Realgeschichte präsentiert?

4. Warum hat die katholische und evangelische Kirche eigene Redaktionen in den öffentlich-öechtlichen Fernsehsender?

5. Warum werden in Kunstmuseen die ausgedachten christlichen Personifikationen (Jesus, Maria, Johannes ...) nicht rational erklärt?

6. Sind unsere Religionswissenschaftler unfähig oder warum können diese keine Götter und biblische bzw. andere religiöse Texte rational erklären?

7. Warum wird in vielen Bildungssystemen der Kreationismus oder andere religiöse Überzeugungen neben wissenschaftlichen Theorien wie der Evolutionstheorie unterrichtet?

8. Warum werden religiöse Dogmen und Lehren manchmal über wissenschaftliche Erkenntnisse gestellt?

9. Warum wird die wissenschaftliche Forschung in einigen religiösen Kreisen als Bedrohung für den Glauben angesehen und abgelehnt?

10. Warum wird in einigen Gesellschaften der Glaube an übernatürliche Phänomene und Wunder oft bevorzugt, während rationale und wissenschaftliche Erklärungen abgelehnt werden?

11. Warum werden religiöse Geschichten oft unkritisch als historische Wahrheit in Schulbüchern dargestellt?

12. Warum wird in einigen Bildungseinrichtungen das kritische Hinterfragen religiöser Überzeugungen als Tabu betrachtet?

13. Warum werden bestimmte religiöse Überzeugungen und Mythen oft bevorzugt in Bildungsinhalten präsentiert, während andere vernachlässigt werden? Warum werden religiöse Dogmen in Schulbüchern oder Lehrplänen verankert, ohne Raum für kritisches Hinterfragen zu lassen?

14. Warum werden religiöse Geschichten und Mythen manchmal als historische Fakten dargestellt, obwohl es dafür keine wissenschaftlichen Beweise gibt?

15. Warum werden Schüler manchmal dazu ermutigt, religiösen Glauben über kritisches Denken und empirische Evidenz zu setzen?

16. Warum werden in einigen Medien religiöse Ereignisse oder Ansichten unkritisch präsentiert, anstatt verschiedene Perspektiven zu beleuchten?

17. Warum werden religiöse Symbole und Praktiken in einigen Medien oft positiv dargestellt, während kritische Analysen oder Diskussionen vermieden werden?

18. Warum werden alternative Erklärungen oder nicht-religiöse Perspektiven auf historische Ereignisse oder Phänomene oft vernachlässigt?

19. Warum wird die Vermittlung von Religion und Mythologie in Bildung und Medien oft von politischen oder religiösen Interessen beeinflusst?

20. Warum werden Lehrer oder Wissenschaftler manchmal von religiösen Gemeinschaften unter Druck gesetzt, bestimmte Inhalte zu vermeiden oder zu fördern?

Fragen zum Thema: Rechtliche und soziale Aspekte im Kontext von Religion

1. Warum ist es laut Gesetz (§ 166 StGB) verboten, "Gott" (eine Personifikation der Lichtenergie, eine ausgedachte Figur bzw. ein kollektives Über-Ich) zu lästern?

2. Wenn ein Alleingott nichts anderes als eine Personifikation der Lichtenergie ist, warum machen sich dann Juden, Christen und Muslime das Leben gegenseitig so schwer?

3. Warum hat man Menschen in religiöse Gruppen geteilt und gegeneinander gehetzt?

4. Warum werden in einigen Gesellschaften religiöse Minderheiten diskriminiert und verfolgt, obwohl laut Gesetz Religionsfreiheit ein grundlegendes Menschenrecht ist?

5. Warum wird in einigen religiösen Kreisen die Kritik an der eigenen Religion als Blasphemie betrachtet und mit Strafe geahndet?

6. Warum wird die Todesstrafe in einigen Ländern noch immer auf religiöser Grundlage angewendet?

7. Warum wird die Trennung von Kirche und Staat oft nicht konsequent umgesetzt, obwohl sie in vielen Ländern gesetzlich festgelegt ist?

8. Meine Ahnen (und mich sowie SIE) hat man belogen, betrogen, getäuscht, genötigt, ... ihnen einen Wahn eingeredet. Warum? Meine und Ihre Ahnen waren die Opfer. Wo ist die Gerechtigkeit?

9. Warum gibt es in einigen Ländern Gesetze, die die Religionskritik kriminalisieren und die Meinungsfreiheit einschränken?

Fragen zum Thema: Geschichtsfälschung, Zensur und der Einfluss des induzierten kollektiven Wahns

1. Warum wurde und wird sogar noch heutzutage ausgedachte Geschichten als Realgeschichte präsentiert und damit Geschichte gefälscht?

2. Warum wird dem Volk "Glauben" (induzierter kollektiver Wahn) als etwas Positives eingeredet?

3. Warum wurde und wird Wissen zensiert?

4. Kann es sein, dass wir uns in einem riesengroßen Lügenkonstrukt befinden, in einem induzierten kollektiven Wahn?

5. Warum befindet sich die Menschheit immer noch in diesem induzierten kollektiven Wahn?

6. Warum sind Millionen Menschen durch diesen induzierten kollektiven Wahn gestorben?

7. Wo sind eigentlich die Denkmäler der Opfer der beiden Kirchen? Sind durch das Christentum nicht Millionen von Menschen umgekommen?

8. Warum bekommen "Atheisten" einen Denkrahmen erschaffen, indem sie Götter nur verneinen, aber nicht erklären können?

9. Warum wird oft versucht, kritische historische Informationen über religiöse Institutionen zu verbergen oder zu verfälschen?

10. Warum werden bestimmte historische Ereignisse und Fakten in einigen Ländern bewusst verschwiegen oder verzerrt, um ein gewünschtes Narrativ zu fördern?

11. Warum werden wissenschaftliche Entdeckungen oder historische Beweise, die gegen religiöse Lehren sprechen, manchmal zensiert oder

ignoriert?

12. Warum werden historische Dokumente oder Bücher, die alternative Sichtweisen präsentieren, oft aus öffentlichen Bibliotheken entfernt oder verboten?

13. Warum werden Künstler oder Schriftsteller, die religiöse oder historische Tabus infrage stellen, manchmal bedroht oder angegriffen?

14. Warum werden religiöse Dogmen und Lehren in einigen Gesellschaften als unantastbar angesehen, selbst wenn sie gegen wissenschaftliche Erkenntnisse verstoßen?

15. Warum werden Geschichtsbücher in einigen Ländern so verändert, dass sie das eigene Land in einem positiveren Licht darstellen und die Verbrechen oder Fehler der Vergangenheit verschleiern?

16. Warum wird der Einfluss von religiösem Denken und kollektivem Wahnsinn auf politische Entscheidungen und Gesetzgebung oft nicht ausreichend analysiert oder offen diskutiert?

Fragen zum Thema: Einfluss der geistigen Elite und gesellschaftliche Wahrnehmung

1. Warum werden geistige Eliten oft als unfehlbare Autoritäten dargestellt, während ihre Fehler und Fehleinschätzungen übersehen oder gerechtfertigt werden?

2. Warum wird die geistige Elite manchmal als Quelle absoluter Wahrheit betrachtet, ohne Raum für kritische Hinterfragung oder Debatte zu lassen?

3. Warum werden die Beiträge der geistigen Elite oft über andere Formen des Wissens oder der Intelligenz gestellt, und wie beeinflusst dies die Gesellschaft?

4. Warum werden Kritiker oder Skeptiker der geistigen Elite manchmal als "unwissend" oder "feindselig" abgestempelt, anstatt ihre Argumente ernsthaft zu prüfen?

5. Warum werden die dunklen Seiten oder umstrittenen Handlungen von Mitgliedern der geistigen Elite manchmal bagatellisiert oder vertuscht?

6. Warum wird der Fokus oft auf die Erfolge und Errungenschaften der geistigen Elite gelegt, während ihre ethischen Verfehlungen oder Machtmissbrauch übersehen werden?

7. Warum werden alternative Denker oder kritische Stimmen aus der geistigen Elite manchmal marginalisiert oder diffamiert, um das etablierte Narrativ aufrechtzuerhalten?

8. Warum wird die geistige Elite manchmal dazu verwendet, bestimmte Ideologien oder politische Agenda zu unterstützen, und wie beeinflusst dies die öffentliche Meinung?

9. Warum werden geistige Führer manchmal als "heilig" oder "übernatürlich" verehrt?

Fragen zum Thema: Reichtum der Kirchen

1. Warum sind religiöse Institutionen oft so verschwiegen und undurchsichtig in Bezug auf ihre Finanzen und internen Angelegenheiten?

2. Warum wird die Armut und soziale Ungerechtigkeit in vielen Gesellschaften nicht effektiv bekämpft, obwohl religiöse Institutionen oft über beträchtlichen Reichtum verfügen?

3. Warum sind die beiden Kirchen in Deutschland so reich (etwa 450.000.000.000 Euro Vermögen)? Wenn doch das Geld durch Lug, Betrug, Nötigung, Erbschleicherei ... bis zu Raubmord (Ketzer- und Hexenverfolgung ...) erworben wurde. Warum besitzen die Kirchen dieses Vermögen aus kriminellen Taten immer noch?

4. Warum muss das ergaunerte Vermögen der Kirchen nicht an die Opfer zurückgegeben werden?

5. Warum wollen religiöse Gruppen Geld vom Staat?

6. Sind religiöse Gruppierungen der abrahamitischen Religionen nichts anderes als kriminelle Vereinigungen?

7. Warum werden religiöse Organisationen in einigen Ländern steuerlich begünstigt, obwohl sie beträchtliche Vermögenswerte besitzen?

8. Warum sind religiöse Institutionen, die sich angeblich der Armut verschrieben haben, oft im Besitz beträchtlicher Vermögenswerte und Reichtümer?

9. Warum wird der finanzielle Beitrag der Gläubigen oft dazu verwendet, prunkvolle Gebäude, Kunstwerke und Luxusgüter für die Kirchenelite zu finanzieren?

10. Warum gibt es oft mangelnde Transparenz und öffentliche

Rechenschaftspflicht über die Verwendung der finanziellen Ressourcen religiöser Organisationen?

11. Warum werden kirchliche Finanzen in einigen Ländern von staatlichen Steuern befreit, während andere gemeinnützige Organisationen denselben Status nicht genießen?

12. Warum wird der Reichtum der Kirchen nicht stärker genutzt, um soziale Probleme wie Armut, Obdachlosigkeit und Bildungsmängel anzugehen?

13. Warum wird der Reichtum der Kirchen manchmal als Machtinstrument eingesetzt, um politische Entscheidungen zu beeinflussen oder Einfluss zu nehmen?

14. Warum werden in einigen religiösen Gemeinschaften Spenden und finanzielle Opfergaben oft mit Belohnungen nach dem Tod oder Heilversprechen verknüpft?

15. Warum wird der Reichtum der Kirchen nicht genutzt, um die Bildung und Aufklärung ihrer Anhänger zu fördern, anstatt auf religiöse Dogmen zu setzen?

16. Wie konnte eigentlich eine kriminelle Vereinigung (Kirche) Gesetze zum Schutz und zur Förderung ihrer Organisation in Gesetzbücher verankern?

Fragen zum Thema: Auswirkungen von Religionen auf Individuum, Gesellschaft und die Spaltung der Gesellschaft

1. Warum werden kritische Fragen zu Religionen oft als Tabu angesehen und als Angriff auf den Glauben (induzierter kollektiver Wahn) betrachtet?

2. Warum werden Menschen, die ihre Religion hinterfragen oder verlassen, häufig stigmatisiert und diskriminiert?

3. Warum werden Kinder in religiösen Zeremonien bewusst geistig und körperlich verletzt?

4. Warum wird Kindern eingeredet, dass Glauben gut sei?

5. Warum wird das einfache Volk zu Mitläufern und Ja-Sagern erzogen?

6. Warum werden immer noch Menschen wegen religiöser Überzeugungen diskriminiert, verfolgt oder sogar getötet?

7. Warum werden in einigen religiösen Gemeinschaften Frauen und LGBTQ+ Personen immer noch benachteiligt und unterdrückt?

8. Warum gibt es immer noch religiöse Extremisten, die Gewalt im Namen ihrer Religion rechtfertigen?

9. Warum werden religiöse Führer oft als unfehlbar angesehen und kritiklos verehrt, obwohl auch sie menschliche Fehler machen können?

10. Warum werden religiöse Rituale und Traditionen manchmal aufrechterhalten, obwohl sie keinen praktischen Nutzen haben und sogar schädlich sein können?

11. Warum wird in einigen Gesellschaften der Glaube an übernatürliche Phänomene und Wunder oft bevorzugt, während rationale und wissenschaftliche Erklärungen abgelehnt werden?

12. Warum werden in einigen religiösen Schriften oder Traditionen Frauen als minderwertig oder untergeordnet angesehen?

13. Warum ist laut einigen religiösen Schriften erlaubt, seine Mitmenschen zu versklaven und zu töten?

14. Warum werden in einigen religiösen Gemeinschaften streng hierarchische Strukturen aufrechterhalten, die wenig Raum für individuelle Entfaltung lassen?

15. Warum werden religiöse Symbole und Gebetsstätten manchmal dazu verwendet, Vorurteile und Hass gegenüber anderen Religionen oder Kulturen zu fördern?

16. Warum hat man früher Menschen in Gruppen gespalten und gegeneinander gehetzt, wenn doch jeder Alleingott (JHWH, Gott, Allah...) nichts anderes ist als eine Personifikation der Lichtenergie?

17. Warum werden religiöse Rituale manchmal dazu verwendet, Menschen zu kontrollieren oder zu manipulieren?

18. Es ist verboten, Menschen körperlich zu versklaven. Warum ist es erlaubt, das Volk mit Religionen geistig zu versklaven?

19. Warum werden religiöse Fanatiker manchmal als Märtyrer verehrt, obwohl sie unschuldige Menschen verletzen oder töten?

20. Warum werden Menschen oft ermutigt, persönliche Verantwortung an religiöse Autoritäten abzugeben?

Die letzten unangenehmen Fragen über unsere Gesellschaft

• Leben wir in einem Wahn?
• Befinden wir uns in einem Zustand der Täuschung?
• Ist unsere Gesellschaft von geistigen Krankheiten durchzogen?
• Warum wird die komplette "Religionslüge" nicht umfassend durchleuchtet?
• Könnte es sein, dass wir in einem von außen hervorgerufenen (bewusst erschaffenen) kollektiven Wahn leben?
• Sind wir einer sozialen Denkverzerrung ausgesetzt, die von äußeren Einflüssen verursacht wurde?
• Warum hat man diesen Wahn dem Volk induziert?

Die brisanten Fragen rund um Religion, Gott und die christliche Mythologie wirken wie ein Spiegel unserer Gesellschaft und fordern uns heraus, tiefgreifende Reflexionen anzustellen. Es wird klar, dass sowohl Tabus als auch kognitive Dissonanzen oft den Weg zu einem ehrlichen Dialog blockieren. Die Angst vor der Wahrheit und das Bestehen von Lügenkonstrukte haben in der Vergangenheit und Gegenwart vielfach zu sozialen Problemen geführt.

Um als Gesellschaft Fortschritte zu erzielen und eine aufgeschlossenere, aufgeklärtere Gemeinschaft zu schaffen, müssen wir uns diese Fragen stellen. Es ist an der Zeit, unsere Finger in die Wunden zu legen und uns mutig den unbequemen Fragen zu stellen. Durch die Förderung offener Diskussionen und die Suche nach Antworten können wir Verständnis und Empathie füreinander entwickeln.

Wir tragen alle die Verantwortung, unsere Gesellschaft voranzutreiben und einen Raum zu schaffen, in dem Fragen willkommen sind und die Vielfalt der Perspektiven geschätzt wird. Nur indem wir kritisch hinterfragen, können wir den Weg zur Erkenntnis und zur Weiterentwicklung einschlagen.

Die Devise lautet: <u>Wir sollten uns nicht vor den unangenehmen Fragen drücken. Es ist an der Zeit, unsere Denkweise infrage zu stellen, nach Wahrheiten zu suchen und unsere Welt besser zu begreifen. Durch gegenseitige Ermutigung, kritisches Denken zu fördern und uns auf offene Gespräche einzulassen, dadurch können wir eine Gemeinschaft formen, die auf Wissen, Toleranz und Respekt aufbaut.</u>

Die Macht der Fragen ist es, die uns vorwärtsbringt und uns ermöglicht, die Menschheit in eine bessere Zukunft zu führen. Stellen wir uns den Herausforderungen und nehmen unsere Verantwortung an, um die Entwicklung der Menschheit voranbringen. Zusammen können wir eine Welt erschaffen, die von gegenseitigem Verständnis und Zusammenhalt geprägt ist – eine Welt, in der offene Fragen als Antrieb für Fortschritt und Wandel dienen.

Geistige Unterernährung des Volkes: Wie das mittelalterliche Christentum unsere heutige Gesellschaft noch immer prägt

Würden Sie sich gerne so ernähren wie im Mittelalter? Wahrscheinlich nicht. Zur Erinnerung: Im Mittelalter ernährte sich der Großteil der Bevölkerung in Mitteleuropa hauptsächlich von Getreideprodukten wie Getreidebrei oder Brot, aber auch Rüben waren weit verbreitet. Es gab fast ausschließlich saisonale und konservierte Lebensmittel (beides regional), während Kartoffeln, Reis, Tomaten, Paprika, Mais und Kakao sowie daraus hergestellten Produkte nicht zur Verfügung standen. Auch die Wasserqualität war schlecht. Die Elite konnte sich Fleisch leisten und trank gerne Wein und Bier. Gewürze konnten sich jedoch nur die Reichsten leisten und auch Zucker und Salz waren kostbare Güter.

Die Lebensmittelversorgung, sowohl in Bezug auf Menge als auch Qualität der Nahrungsmittel, war damals im Vergleich zur heutigen Zeit erheblich schlechter. Das Gleiche gilt für die Aufbewahrungs- und Zubereitungstechniken. Unsere heutige Ernährungssituation hat maßgeblich dazu beigetragen, dass unsere körperliche Gesundheit verbessert und unsere Lebenserwartung enorm gestiegen ist.

Was hat dies mit dem Christentum zu tun, werden Sie sich fragen. Das Christentum war die geistige Nahrung der Bevölkerung im Mittelalter, welche die Machthaber und die geistige Elite dem Volk zur Verfügung stellte, eine logisch konstruierte Irrlehre, um das Volk zu desinformieren, desorientieren, manipulieren und zu programmieren. Es handelte sich um eine schädliche geistige Nahrung, die zu Millionen von Todesfällen führte, sei es durch Hexen- und Ketzerverfolgungen oder durch Konflikte und Kriege, um nur einige Beispiele zu nennen. In einigen Fällen hat das Christentum im Mittelalter wissenschaftliche Erkenntnisse und Forschung behindert. Dies führte zu einer gewissen Wissenschaftsfeindlichkeit und einer Verzögerung des Fortschritts in bestimmten Bereichen.

Das mittelalterliche Christentum unterstützte oft eine strikte soziale Hierarchie, in der die Macht der Kirche und der Adeligen über das Volk festgelegt war. Dies führte zu einer Unterdrückung und Ausbeutung der einfachen Bevölkerung, was auch der eigentliche Sinn des Christentums war und noch immer ist, das Volk geistig zu beherrschen und geistig klein – es geistig unterernährt zu halten. Auch heute noch wird dem Volk in vielen Ländern diese mittelalterliche geistige Nahrung verabreicht. Allerdings verursacht diese schädliche geistige Nahrung aus dem Mittelalter viele Probleme in der heutigen Zeit, einschließlich geistiger Krankheiten wie geistiger Unterernährung bei der einfachen Bevölkerung, die zu geistigem Tod (Glauben), kognitiver Dissonanz (unangenehme Gefühlszustände, die das Nachdenken verdrängen) und dem Stockholm-Syndrom (Mitläufertum) führt. Bei der Elite führt sie zu geistiger Fettleibigkeit, geistigem Narzissmus (Selbstverliebtheit in die eigenen geistigen Fähigkeiten), Pseudologie und dem Münchhausen-Stellvertretersyndrom.

Sicherlich kennen Sie die Redensart: "Du bist, was du isst." Und dies kann man natürlich auch auf die geistige Nahrung beziehen. Möchten Sie weiterhin geistig unterernährt leben? Unterernährung bedeutet Mangel an Protein, an Mineralien, an Vitamine, an Kalorien ... Wenn eine körperliche Unterernährung schlecht für den Menschen und sein Leben ist, warum sollte dann die geistige Nahrung aus dem Mittelalter gut für die Menschen sein? Und doch wird heute diese geistige Nahrung aus dem Mittelalter dem Volk verabreicht, indem Geschichte gefälscht, Wissen zensiert und Kinder in staatlichen Schule eine Gehirnwäsche verpasst bekommen, das Volk wird weiterhin geistig unterernährt gehalten und dies ist eine Schande unserer Gesellschaft. Es ist Zeit, uns mit der geistigen Nahrung der Philosophie, Kunst und Wissenschaft zu ernähren, damit wir besser, länger und gesünder leben können.

Eine ethische Frage: Darf man Menschen geistig versklaven und/ oder einen Wahn induzieren? Darf man dem Volk einen kollektiven Wahn induzieren?

Selbstverständlich ist es inakzeptabel, Menschen aufgrund ihrer Intelligenz oder anderer Merkmale zu desinformieren, zu desorientieren, zu manipulieren oder zu unterdrücken. Jeder Mensch verdient Respekt, Würde und Gleichbehandlung.

Die Idee der Sklaverei ist in den meisten Ländern rechtlich verboten und verstößt gegen grundlegende ethische Prinzipien der Menschenrechte. Warum sollte es dann erlaubt sein, seine Mitmenschen geistig zu versklaven und/oder seinen Mitmenschen einen Wahn zu induzieren? Es ist wichtig, eine offene und respektvolle Gesellschaft zu fördern, in der alle Menschen gleichwertig sind und ihre Rechte und Freiheiten respektiert werden.

Die moderne Gesellschaft und internationale Menschenrechtsnormen erkennen die Bedeutung der geistigen Freiheit und der individuellen Autonomie an. Menschen haben das Recht auf freie Meinungsäußerung und Gedankenfreiheit.

Die geistige Versklavung bezieht sich normalerweise auf den Missbrauch von Einfluss, Manipulation oder Kontrolle über das Denken und die Überzeugungen anderer Menschen. Dies kann durch verschiedene Mechanismen wie Propaganda, Gehirnwäsche, ideologische Kontrolle geschehen, und dies alles passiert noch heute in Religionskulte, welche wir "abrahamitische Religionen" nennen.

Es ist wichtig zu betonen, dass die geistige Versklavung und das Induzieren eines Wahns ethische Fragen darstellen und leider nicht unbedingt durch spezifische Gesetze erfasst werden. In einigen Fällen können jedoch rechtliche Maßnahmen ergriffen werden, wenn geistige Versklavung und das Induzieren eines Wahns mit illegalen Aktivitäten oder schwerwiegenden Menschenrechtsverletzungen verbunden sind, wie zum Beispiel Nötigung, Zwangsarbeit, Ausbeutung, Zensur, Desinformation, Geschichtsfälschung oder mit physischer Gewalt umhergehen.

Es ist jedoch von großer Bedeutung, den Schutz der geistigen Freiheit und individuellen Autonomie zu fördern. Eine aufgeklärte Gesellschaft sollte Menschen dazu ermutigen, ihre eigenen Entscheidungen zu treffen, kritisch zu denken, sich zu informieren und ihre eigenen Überzeugungen zu entwickeln, ohne manipuliert oder unterdrückt zu werden.

Stattdessen sollten wir uns darauf konzentrieren, einander zu respektieren, Empathie zu zeigen und nach Wegen zu suchen, um zusammenzuarbeiten und das Beste aus unseren individuellen Fähigkeiten und Talenten zu machen, um eine gerechtere und harmonischere Gesellschaft zu schaffen. **Der bewusste Versuch, Menschen einen Wahn zu induzieren, sollte als ethisch inakzeptabel angesehen werden, da er das individuelle Wohlergehen und die geistige Freiheit gefährdet.**

Der Versuch, einen kollektiven Wahn in Menschen zu induzieren, gefährdet die ganze Menschheit. Mit dem Induzieren eines kollektiven Wahns werden nicht nur individuelle Rechte und Freiheiten bedroht, sondern es besteht auch das Potenzial, schwerwiegende Auswirkungen auf die Gesellschaft als Ganzes zu haben. Ein kollektiver Wahn kann dazu führen, dass große Gruppen von Menschen irrationale Überzeugungen annehmen, die ihr Denken, ihre Entscheidungsfindung und ihr Verhalten beeinflussen. Dies kann zur Desinformation von Kindern führen, zum Fälschen von Geschichte, Zensur von Wissen, aber auch zu Konflikten, Vorurteilen, sozialen Spannungen und sogar zu gewalttätigen Handlungen führen.

Es ist daher von entscheidender Bedeutung, dass wir uns als Gesellschaft der Gefahr bewusst sind und Maßnahmen ergreifen, um die Verbreitung von irreführenden Informationen und manipulativen Praktiken einzudämmen, um das Wohlergehen und die Sicherheit aller Menschen und die zukünftige Menschheit zu schützen.

Die geistige Versklavung durch die abrahamitischen Religionen wird dem Volk als etwas Positives verkauft, wodurch man auch die körperliche Versklavung rechtfertigen könnte. Warum? Ein Sklavenhalter bietet seinen Sklaven Unterkunft, Kleidung, Essen, Arbeit, Gemeinschaft und Lebenssinn. Wenn ein Sklave krank wird, erhält er Medizin und wird gesund gepflegt. All dies tut der Sklavenhalter jedoch nicht aus Nächstenliebe, sondern aus Profitgier. Wer die geistige Versklavung befürwortet, tut dies entweder, weil sie ihm als etwas Positives verkauft wurde oder weil er davon profitiert. Wenn wir also die körperliche Versklavung ablehnen, sollten wir auch die geistige Versklavung ablehnen.

Es ist wichtig, dass wir geistige Versklavung als Gesellschaft ableben – diese geistige Versklavung nennen wir aktuell in Europa liebevoll "unsere abrahamitische Religion" und wird uns als etwas Positives dargestellt. Unsere Gesellschaft muss dieses Lügenkonstrukt aufarbeiten, damit wir eine ehrlichere, aufrichtige Gesellschaft aufbauen können und die Gerechtigkeit wieder herstellen können, dazu zählt auch, dass die Täter den Opfern bzw. den Nachfahren eine Wiedergutmachung, Schmerzensgeld, Entschädigung zahlen muss – 20.000 Euro für jedes Opfer, welches man manipuliert und desinformiert hat.

Manipulierte Gesellschaften haben keine positiven Zukunftsaussichten

Zensur und Desinformation: Eine Gesellschaft, in der Kinder in staatlichen Schulen desinformiert, desorientiert und manipuliert werden, in der Wissen zensiert und Geschichte gefälscht wird, ist äußerst besorgniserregend und birgt schwerwiegende ethische, moralische und philosophische Probleme. Eine solche Gesellschaft kann als autoritär, repressiv und manipulativ charakterisiert werden, da sie die geistige Freiheit und Autonomie ihrer Bürger unterdrückt.

→ Freiheitsliebende Menschen werden aus dieser Gesellschaft auswandern.

Ethik und Moral: Ethisch betrachtet ist eine solche Gesellschaft höchst bedenklich, da sie die Grundrechte ihrer Bürger auf Wissen, Wahrheit und freies Denken verletzt. Die Manipulation von Kindern in staatlichen Schulen verstößt gegen die ethische Verpflichtung, das Wohl und die Entwicklung junger Menschen zu fördern, und stellt eine Form von Missbrauch dar.

→ Lug und Betrug werden die Gesellschaft belasten.

Philosophische Perspektiven: Aus philosophischer Sicht widerspricht eine Gesellschaft, die auf Desinformation und Manipulation basiert, grundlegenden Prinzipien der Gerechtigkeit, Freiheit und Menschenwürde. Philosophische Theorien wie die des politischen Liberalismus betonen die Bedeutung von Freiheit, Wahrheit und Fairness in einer gerechten Gesellschaft. Eine solche Gesellschaft würde diesen Prinzipien widersprechen und daher philosophisch problematisch sein.

→ Die Wissenschaft beschränkt sich selbst und selbst die Politik wird davon negativ beeinflusst.

Zukunftsaussichten: Eine Gesellschaft, die auf geistiger Versklavung basiert, hat langfristig gesehen keine vielversprechende Zukunft. Die Unterdrückung von Wissen und Wahrheit kann zu sozialen Spannungen, Unzufriedenheit und letztendlich zum Zusammenbruch des gesellschaftlichen Gefüges führen.

→ Ohne eine offene und informierte Bürgerschaft ist es schwer vorstellbar, dass eine solche Gesellschaft langfristig stabil und blühend sein kann.

Insgesamt ist eine Gesellschaft, die auf Desinformation, Manipulation und geistiger Versklavung basiert, nicht nur ethisch und moralisch fragwürdig, sondern auch philosophisch problematisch und langfristig nicht nachhaltig. Es ist wichtig, dass Gesellschaften sich auf Werte wie Wahrheit, Bildung, Freiheit und individuelle Autonomie stützen, um eine gerechte und florierende Zukunft zu gewährleisten.

Das Lügenkonstrukt "Christentum" – Die Auswirkungen des Lügens

Das Lügenkonstrukt "Christentum" hat nicht nur Konsequenzen auf die moralischen Überzeugungen eines jeden Menschen, sondern auch Auswirkungen auf das tägliche Leben und die Gesundheit derjenigen, die lügen.

Wir alle haben schon einmal gelogen. Manche Menschen lügen jeden Tag. Die Lüge ist nicht immer böswillig, denn sie wird häufig benutzt, um einen Teil von uns zu verbergen, den wir nicht preisgeben wollen, um anderen zu gefallen oder um eine komplizierte Situation zu vermeiden.

Es gibt zum Beispiel Lügen, die wie ein Schneeball sind. Sie fangen klein an, aber dann muss man weitere Lügen einbauen, die die ursprüngliche Lüge in eine noch größere verwandelt. Es sind expansive Lügen, die weitere Lügen nach sich ziehen, um sich selbst zu erhalten. Aktuell hat die Religionslüge unsere komplette Welt eingenommen.

Es gibt auch die sehr verbreitete Art, sich selbst zu belügen. Wir belügen uns selbst, wenn wir uns utopische Lebensentwürfe ausdenken oder vorstellen. Die Lügen beginnen mit der Schaffung einer kleinen künstlichen Welt und haben dann das Potenzial, einem das Leben zur Hölle zu machen. Am Ende bauen die Lügen ein kristallenes Schloss der Täuschung, bis es irgendwann zerbricht und nur noch Scherben übrig bleiben, an denen man sich verletzen kann.

Eine ganze Nation kann durch Lügen zerstört werden, denn Korruption und eine schlechte Regierung haben ihren Ursprung in der Lüge. Angesichts des Schadens, den die Lüge anrichtet, ist es wichtig, ehrlich und aufrichtig zu sein, um eine bessere Gesellschaft zu schaffen.

Unsere Gesellschaft und das riesengroße Lügenkonstrukt

Unsere Gesellschaft befindet sich zweifellos in einem riesengroßen Lügenkonstrukt. Diejenigen, die über Intelligenz und Macht verfügen, belügen häufig das einfache Volk, um ihre eigene Agenda voranzutreiben. Die Glaubenden leben in einem induzierten kollektiven Wahn, der durch die vermeintlich schönen, aber ausgedachten und mehrdeutigen Geschichten genährt wird. Diese Desinformation führt zu geistigen Krankheiten, in der die Menschen die Wahrheit verdrängen und sich selbst und ihre Mitmenschen belügen.

Die meisten Menschen heucheln und versuchen, sich als gute Menschen darzustellen, obwohl sie die komplexen Geschichten und dogmatischen Lehren nicht wirklich verstehen. Sie geben vor, Glaubende zu sein, und belügen dadurch nicht nur ihre Mitmenschen, sondern auch sich selbst.

Die Angst vor der Wahrheit ist aktuell weit verbreitet, da die Lüge verlockend erscheint und die Wahrheit oft als hässlich empfunden wird. Dadurch sind viele unfähig, die Lügen zu erkennen, in denen sie gefangen sind, da sie sich bereits zu tief in diesem induzierten kollektiven Wahn befinden. <u>So entstehen unterschiedliche geistige Krankheiten in dem religiösen Sozialkonstrukt, welche sich gegenseitig erzeugen, sich stützen und am Leben erhalten.</u>

Es ist von entscheidender Bedeutung, dass unsere Gesellschaft die Augen öffnet und die Wahrheit anerkennt, um aus diesem Lügenkonstrukt auszubrechen. Die Erkenntnis und die Bereitschaft, die Lüge zu hinterfragen, kann der Weg zu einer ehrlicheren, aufrichtigeren und gesünderen Gesellschaft ebnen. Es liegt an jedem Einzelnen von uns, die Wahrheit zu suchen und die Lügen zu durchbrechen, um eine bessere Zukunft für alle zu gestalten – **eine bessere Welt für die Menschheit!**

Die geistigen Krankheiten des Sozialkonstrukts Kirche: Narzissmus, Pseudologie, Münchhausen Stellvertreter-Syndrom (by Adult Proxy Syndrom), Gaslighting

Die Täter (Theologen):
Die abrahamitischen Religionen basieren selbstverständlich nicht auf Glauben oder Aberglauben – es sind logisch konstruierte Irrlehren, hier wird also der einfache Mensch bewusst getäuscht, indem der intelligente Mensch vorsätzlich seine Mitmenschen desinformiert, desorientiert und manipuliert, das Volk wird in voller Absicht getäuscht.

Der intelligente Mensch (Priester) im Sozialkonstrukt Kirche leidet meist am **geistigen Narzissmus**, er ist selbstverliebt in seine eigenen geistigen Fähigkeiten, er kommt sich anderen Menschen geistig überlegen vor und meint, dass er besonders schlau sei, weil er eine tiefere versteckte Ebene in den biblischen Texten versteht. Mit diesen mehrdeutigen Märchen (Bibelgeschichten) wird das Volk geistig verwirrt und programmiert, dem Volk wird aber auch Angst eingejagt (Hölle/Satan) und Schuld (Sünde) eingeredet.

Kommen wir nun zum Thema Gaslighting. **Gaslighting** ist eine vorsätzliche emotionale Manipulation im Geheimen, aus Vorsatz und reinem Egoismus, es ist eine bewusste Täuschung, um seinen Mitmenschen in die Verzweiflung und in den Wahnsinn zu treiben, man möchte seinen Mitmenschen an der eigenen Wahrnehmung zweifeln lassen und somit ist es eine Form von geistiger Gewalt und Missbrauch. Beim Gaslighting versucht ein narzisstischer und sadistischer Mensch, durch Manipulationen seinen Mitmenschen in eine emotionale Abhängigkeit zu bringen und zu halten. Hier geht es dem Täter darum, Macht und Kontrolle über seine Opfer zu erhalten.

Das Besondere an Gaslighting ist, dass die Opfer (Glaubende) lange nicht bemerken, dass sie manipuliert werden. Wer erst einmal sich selbst und seiner Wahrnehmung nicht mehr vertrauen kann, ist dem Täter hilflos ausgeliefert. Durch Gaslighting wird die Selbstwahrnehmung und das Selbstvertrauen des Opfers zerstört und somit wird das Opfer zu einem Mitläufer erzogen, der sich nicht mehr traut, Dinge zu hinterfragen.

Die Täter (Theologen) leiden meist an **Pseudologie**, ein wiederholtes und zwanghaftes Lügen und Übertreiben. Mit diesen Lügen und Übertreibungen möchte der Täter Aufmerksamkeit erzeugen, was ihm auch meistens gelingt. Mit dem Begriff **Pseudologia phantastica** („Lügensucht") bezeichnet die Psychiatrie den Drang zum krankhaften Lügen und Übertreiben, im Dienste der Ich-Erhöhung. Häufiger wird heute der Begriff pathologisches (krankhaftes) Lügen verwendet. Die krankhafte Lügensucht wird vom geistigen Narzissmus und der Hybris (Hochmut) genährt. Mit der Hybris verbindet man häufig den Realitätsverlust einer Person und die Überschätzung der eigenen Fähigkeiten, Leistungen oder Kompetenzen, vor allem von Personen in Machtpositionen.

Münchhausen-Stellvertretersyndrom (by Adult Proxy Syndrom): Beim Münchhausen-Stellvertretersyndrom geht der Täter (Theologe) jedoch noch einen Schritt weiter. Hier macht der Täter das Opfer nicht nur bewusst krank, der Täter begibt sich hier sogar in die Rolle eines scheinbar liebevollen und fürsorglichen Menschen. Der Täter (Priester) möchte durch die herbeigeführte geistige Erkrankung (induzierter kollektiver Wahn) des Opfers (Glaubenden) auch Aufmerksamkeit von Dritten auf sich ziehen. Er möchte von Dritten hoch angesehen und bewundert werden, da er sich ja so „fürsorglich" kümmert.

Krankhafter Narzissmus kann sich sowohl durch Prahlen und Hochstapelei äußern wie auch durch unersättliche Ansprüche und Erwartungen. Menschen mit einer narzisstischen Persönlichkeitsstörung neigen dazu, Personen in ihrem unmittelbaren Umfeld emotional zu missbrauchen, um dadurch den eigenen Selbstwert (ihr „Ego") auf Kosten anderer zu erhöhen. Die wehrlosen Opfer (Glaubenden) werden von den Tätern stark abgewertet, dies ist ein universelles Phänomen, das mit der Dissonanzreduktion des Täters erklärbar ist. In den abrahamitischen Religionen werden die Opfer zu Schafen/ Opferlämmern abgewertet, welche angeblich nicht selbst denken, welche geführt werden möchten. Der „gute Hirte" (Pastor → lat. Hirte) kümmert sich, damit die Schafe genug zu fressen haben, aber eigentlich möchte der „gute Hirte" nur seine Schafe scheren, melken, schlachten – ausschlachten und die Lämmer genauso erziehen *„Folge dem guten Hirten."* Je mehr Schafe, desto mehr Fleisch und Fleisch bedeutet selbstverständlich Reichtum für den Hirten. Doch sollten die Schafe nicht spuren, so hetzt der Hirte seinen Schäferhund auf die Schafe. Der Schäferhund erzeugt Angst bei den Schafen, er ist der größte Feind der Schafherde, er ist der kultivierte "böse Wolf." Das Schaf hat Angst vor dem Schäferhund, aber [geistig] getötet wird das Schaf dann vom Hirten.

Im Christentum gibt es je nach sozialer Stufe verschiedene Lehren. In der untersten Stufe werden die Menschen mit Feste und netten Wörtern geködert, um diese anschließend programmieren zu können. Die Naturrechtslehre bzw. der Sozialdarwinismus krönt die christliche Ideologie. In der **Naturrechtslehre** schaut man sich die Natur an und interpretiert sie so, wie man es möchte.

„Das große Tier frisst das kleine Tier. Das schnelle Tier frisst in der Natur das langsame Tier. Das Alphatier beherrscht das Omegatier. Warum sollte es beim geistigen Menschen anders sein? Warum sollte der intelligente Mensch nicht den dummen Menschen beherrschen? Warum sollte der intelligente Mensch den einfachen Menschen nicht führen und selbstverständlich auch nutzen? Warum sollte sich der einfache Mensch nicht unterordnen? Warum sollte der Intelligente nicht den einfachen Menschen geistig beherrschen? Und warum sollte das höherwertige Leben nicht von minderwertigem Leben profitieren? Der Intelligente darf den einfachen Menschen nutzen, damit er im Hier und Jetzt besser leben kann. Der einfache Mensch darf dagegen in einem Wahn (Denkstörung)

leben und sich auf ein Leben nach dem Tod freuen."

Eine wahrhaft abartige Ideologie. Solche Ideenlehren sind selbstverständlich nicht gerade menschenfreundlich und deshalb gibt es hier je nach sozialer Stufe in den abrahamitischen Religionen verschiedene Ideenlehren. Die menschenunfreundlichen Lehren werden in mehrdeutigen Märchen versteckt, sodass diese nicht für jeden verständlich sind – es ist Herrschaftswissen! Sicherlich würden sie sich nicht einer Gemeinschaft anschließen, in der der Anführer mitteilt, dass er ihnen geistig weitaus überlegen ist und dass Sie sich ihm unterordnen, ihm gehorchen und demzufolge für ihn arbeiten sollen, damit dieser dann im Hier und Jetzt, ein besseres Leben hat.

Damit der Täter sich nicht als Betrüger fühlt, gibt es noch eine Rechtfertigungslehre für die Klugen (Theologen), welche als Dissonanzreduktion dient: *„Solange die Menschen die Märchen hören möchten und sich die Menschen belügen und betrügen lassen, ja, solange werden sie belogen und betrogen. Der Mensch hat doch einen eigenen Willen."* Diese Lehre nennt sich im Christentum „Rechtfertigungslehre".

Die beiden Lehren: Die böse Naturrechts- und die Rechtfertigungslehre zeigen demzufolge auf, dass sich die geistige Elite ihrer kriminellen Taten durchaus bewusst ist.

Zusammenfassung:
In der christlichen Ideologie werden zuerst Kinder in staatlichen Schulen [mit Religionsunterricht] desinformiert, desorientiert. Kinder bekommen eine Gehirnwäsche verpasst, sollen Glauben und nichts hinterfragen; sie werden geistig verwirrt (→ Gaslighting). Die Kinder werden dadurch autoritär konditioniert. Damit die Eltern diese logisch konstruierte Irrlehre als etwas Positives annehmen, werden diese mit gefakten Dokumentationen über die öffentlich-Rechtlichen indoktriniert.

Das einfache Volk wird belogen, betrogen und desinformiert – noch heute, in unserer angeblich aufgeklärten Gesellschaft und offenen Demokratie. Aber ist es nicht vielmehr eine Diktatur der schwarzen Philosophen – der geistigen Narzissten? Eine kriminelle Vereinigung beherrscht den Staat, indem Kinder eine staatliche Gehirnwäsche bekommen. Außerdem wurden die öffentlich-rechtlichen Fernsehsender unterwandert und werden als Abspielstationen für gefakte Dokumentationen genutzt, es wurde und wird Geschichte gefälscht und Wissen zensiert, damit das Volk nicht aus dieser gefakten Welt aufwacht. Und gleichzeitig wird den aufgewachten Menschen Angst vor der Aufklärung eingeredet, eine Angststörung induziert, dies nennt man übrigens in der religiösen Sprache „Apokalypse", es ist die Offenlegung der Geschichte dieses Macht- und Herrschaftsinstruments und die Offenlegung der Ideologie. Der ganze induzierte kollektive Wahn wird dann noch als etwas Positives verkauft. Mithilfe von Gesetzen wird der Glauben (geistige Tod) und die Kirche (hierarchisch verlogenes Sozialkonstrukt) geschützt und gefördert. Und jeder, der von dem ergaunerten Reichtum profitieren möchte, schließt sich diesem Sozialkonstrukt (römisch-katholischen Kirche) an. Das Volk wird autoritär konditioniert.

Und als Rechtfertigung heißt es dann: „Das Volk will doch belogen, betrogen und ausgenommen werden. Der Mensch hat doch einen eigenen Willen." Wollen Sie getäuscht werden? Wollen Sie belogen und betrogen werden? Wollen Sie in einem kollektiven Wahn leben? Oder wollen Sie Gerechtigkeit?

Warum begehren die (ex)Opfer **[SIE]** eigentlich nicht auf? Kommen wir also zu den Opfern.

Geistige Krankheiten im Kontext der abrahamitischen Religionen:
Denkstörung, Kognitive Dissonanz, Angststörung, Stockholm-Syndrom/ Identifikation mit dem Aggressor und Krankheitsgewinn

Die Opfer (Glaubenden):

„Das Hausschaf ist ein ruhiges, geduldiges, sanftmütiges, einfältiges, knechtisches, willenloses, furchtsames und feiges, mit einem Wort: ein höchst langweiliges Geschöpf." So steht es im Brehms-Tierbuch. Die Opferlämmer sind zu gutgläubig; sie glauben alles Mögliche, sie vertrauen ihre Autoritäten, ja, meistens sind diese zu autoritätshörig. (→ Milgram-Experiment)

Je öfters wir Menschen von einer Information getroffen werden, desto mehr glauben wir diese, und wenn die Information noch aus unterschiedlichen Kanälen (Familie, Schule, Fernsehen ...) kommt, ja, dann glauben wir diese Information umso mehr. Und selbstverständlich ist es von Vorteil, wenn man Kinder frühzeitig indoktriniert. Wenn Sie jetzt noch glauben, dass vor 2000 Jahren ein Mensch namens Jesus durch Galiläa lief, dort predigte und Wunder tat, ja, dann hat man sie wirklich bestens geistig verwirrt, man hat ihre Realitätswahrnehmung zerstört und Sie geistig niedergeknüppelt, man hat ihnen einen kollektiven Wahn induziert und diese Denkstörung als etwas Positives verkauft. Selbstverständlich ist die Jesusfigur eine fiktive Figur, eine Personifikation der Natur, des Lebens, der Menschheit – eine Handpuppe der Theologen. Mit dieser Figur haben schwarze Philosophen (Theologen) das einfache Volk programmiert und diesem einen imaginären Freund eine Identifikationsfigur erschaffen. Mit dieser Figur hat man das einfache Volk, also "Sie" erzogen.

Kognitive Dissonanz bezeichnet in der Sozialpsychologie einen als unangenehm empfundenen Gefühlszustand, dieser entsteht dadurch, dass ein Mensch unvereinbare Kognitionen hat, also Wahrnehmungen, Gedanken, Meinungen, Wünsche oder Absichten hat. Kognitionen sind mentale Ereignisse, die mit einer Bewertung verbunden sind. Zwischen diesen Wahrnehmungen können Konflikte („Dissonanzen") entstehen. Aber wer möchte sich schon eingestehen, dass man ihn ganz bewusst desinformiert hat? Wer möchte schon realisieren, dass er 10, 20, 30 oder gar über 40 Jahre ganz bewusst betrogen wurde? Wer möchte sich eingestehen, dass man seine Ahnen bewusst geistig versklavte? Und wer möchte sich schon eingestehen, dass wir in einer gefälschten Welt leben?

Das Vorhandensein von Unstimmigkeiten wird als unangenehmer Spannungszustand erlebt und übt demzufolge Druck auf den Menschen aus, diesen zu beseitigen oder zu reduzieren. Die Stärke des Drucks zur Dissonanzreduktion ergibt sich aus der Stärke der Dissonanz. Im Rahmen der Dissonanzreduktion werden positive Aspekte verstärkt, während negative Teile verdrängt werden. Durch die Dissonanz wird die selektive Wahrnehmung gestärkt. Das Opfer muss sich keine unangenehmen Fragen stellen oder eigene Antworten suchen. Diese Verdrängungsmechanismen funktionieren speziell bei den abrahamitischen Religionen hervorragend. Der Spannungszustand wird hier also nicht aufgelöst, sondern ausgeblendet (*„Jesus war eine reale Person, ein Wanderprediger – kein Gottessohn."* Oder *„Lasst sie doch glauben ...")*. Da das Auflösen dieser Unstimmigkeit nur durch Arbeit und unangenehm empfundene Gefühle möglich ist, wird gerne eine Scheinlösung gefunden. Weitere Scheinlösungen wären z. B. *„.... die Kirche macht auch etwas Gutes."* (→ Stockholm-Syndrom) Oder *„Das Christentum gibt es doch schon über tausend Jahre, die Menschen brauchen das."* Hier werden also Spannungszustände heruntergespielt, nicht wahrgenommen oder neue Erkenntnisse und Informationen werden weiterhin geleugnet. Wer möchte schon realisieren, dass durch das Christentum Millionen von Menschen umgekommen sind, Geschichte gefälscht und Wissen zensiert wurde? Wer möchte schon realisieren, dass Millionen und Abermillionen von Menschen geistig versklavt und diese geistig klein gehalten wurden? Wer möchte schon realisieren, dass man Menschen in Gruppen spaltete und diese gegeneinander hetzte? Die Scheinlösung (*„Das Christentum tut doch auch gutes ..."*) der Dissonanzreduktion verdrängt nur die korrekte Lösung – die ehrliche und offene Aufklärung. Eine Scheinlösung kann zwar temporär Spannungen reduzieren, jedoch wird dadurch das Lügenkonstrukt betont, es entsteht ein Tabu und schlussendlich eine Schweigespirale, welche sich dann von Jahr zu Jahr, von Jahrzehnt zu Jahrzehnt und schlussendlich von Generation zu Generation dreht. Das einzig wirkende Medikament gegen diese geistige Krankheit ist Wissen, Wahrheit sowie ehrliche und logische Aufklärung.

Stockholm-Syndrom/Identifikation mit dem Aggressor:

Unter dem Stockholm-Syndrom versteht man ein psychologisches Phänomen, bei dem Opfer von Geiselnahmen ein positives emotionales Verhältnis zu ihren Entführern bzw. zu den Tätern aufbauen. Dies kann dazu führen, dass die Opfer mit den Tätern sympathisieren und mit ihnen kooperieren. Wissenschaftlich wird es auch als Identifikation mit dem Aggressor (auch: *Identifizierung mit dem Angreifer*) bezeichnet, es ist ein Abwehrmechanismus zur Angstbewältigung. Eine Person, die von einem Aggressor körperlich und/oder geistig bzw. emotional misshandelt oder unterdrückt wird, identifiziert sich unbewusst mit dem Täter. Das Opfer verinnerlicht und übernimmt dabei ohne ihr bewusstes Wissen und oft gegen ihren bewussten Willen Persönlichkeitseigenschaften, Werte und Verhaltensweisen des Aggressors und macht sie zu Anteilen ihres Selbst. Vor allem traumatische Erfahrungen in der Kindheit, bei denen das Maß der erlebten Ohnmacht und Abhängigkeit besonders groß ist – wie in einer unterdrückende und autoritären Erziehung oder einem seelisch manipulativen und erzieherischem Missbrauch – führen zur Ausbildung dieser Reaktion. Sie dient dem Schutz der eigenen Persönlichkeit und hat den Charakter einer „letzten Notbremse" vor einem drohenden Zusammenbruch des Selbst angesichts überwältigender Attacken und heftigen Erregungen. Psychisch von hoher Bedeutung, um hilfsweise die Funktionsfähigkeit des Selbst aufrechtzuerhalten, wirken die Folgen der Identifikation mit einem Aggressor sich tatsächlich jedoch in hohem Maße schädigend auf die Gedanken- und Gefühlswelt und das Wohlergehen des Selbst aus, da die Entwicklung persönlicher Unabhängigkeit unterdrückt wird, das Opfer wird zum Mitläufer aus Angst und gegebenenfalls auch später zum Mittäter, dies sehen wir besonders im Christentum, wie aus einem desinformierten Kind später ein Theologe wird, der wiederum Kinder desinformiert und manipuliert und so zu neuen Opfern erzieht. Im Christentum nennt man dies übrigens "Erbsünde", die induzierte geistige Krankheit wird somit von einer Generation zur nächsten Generation vererbt.

Entscheidend sind allgemein die Heftigkeit der Überwältigung und die Dauer und Schwere des Traumas. Bei Kindern als Opfer kommen zusätzliche Parameter hinzu. Grundsätzlich gilt, dass eine Identifikation mit einem Aggressor als Abwehr gegenüber der nicht vorhandenen

Fähigkeit des Opfers geschieht, Angriffe auf die eigene körperliche und psychische Unverletzlichkeit zu verstehen und psychisch zu vereinen. Die natürliche Schutzerwartung und -bedürftigkeit des Kindes als Teil des Bindungsverhaltens kollidiert unter Umständen mit der Wahrnehmung, dass derselbe Erwachsene (Priester), von dem diese Schutzfunktion erwartet wird, zugleich die Quelle der Bedrohung (→ Gaslighting) und der Angst ist. Das führt zu dem scheinbar widersinnigen Verhalten, das in einer für das Kind ausweglosen Situation bei demjenigen Zuflucht und Schutz gesucht wird, der zugleich die misshandelnde und bedrohende Person (Täter) ist. Die Verleugnung der unerträglichen Realität (→ kognitive Dissonanz) durch Identifikation kann sich so als paradoxe Täter-Opferbindung und traumatische Fixierung aus Angst manifestieren. So kann aus dem Opfer der Vergangenheit ein zukünftiger Täter werden.

Mit **abweichendem Verhalten** (auch: **Devianz**) werden Verhaltensweisen bezeichnet, die gegen die in einer Gesellschaft oder einer ihrer Teilstrukturen geltenden sozialen Normen verstoßen und im Falle der Entdeckung soziale Reaktionen hervorrufen, die darauf abzielen, die betreffende Person (Abweichler), die dieses Verhalten zeigt, zu bestrafen, zu isolieren oder zu behandeln. In den abrahamitischen Religionen möchte der „Hirte" seine Schafe behalten; möchte jedoch ein „schwarzes Schaf" nicht in diesem geistigen Gefängnis verharren will, dann wird der Hirte versuchen, wieder das Schaf auf den „rechten Weg" zu bringen, zuerst mit freundlichen Wörtern, wenn dies jedoch nicht fruchtet, wird der Hirte dem Schaf Angst einjagen (→ Schäferhund) oder dieses später gar aus der Gemeinschaft ausgrenzen. Wer den kollektiven Wahn hinterfragt, unangenehme Fragen stellt oder dem Lügenkonstrukt spottet, wird ausgegrenzt, verfolgt oder vielleicht sogar getötet. Durch diese Maßnahme lernt der Einzelne in der Gesellschaft seine Meinungen zu beschränken, zu zensieren und die Schere im Kopf wird aktiviert, ein vorauseilender Gehorsam entsteht, mit dem sich die Schweigespirale immer weiter dreht.

Krankheitsgewinn:
Der **Krankheitsgewinn** bezeichnet die Um- und Aufwertung der Krankheit. Die geistige Krankheit „Glauben" (Denkstörung) wird dem Opfer als etwas Positives präsentiert und glorifiziert. Die Symptome Selbstgespräche (Beten) bzw. Reden mit seinem kollektiven Über-Ich

(Gott) oder seinem imaginären Freund (Jesus) bzw. die imaginäre Vaterfigur wird als etwas Normales und Gutes dargestellt. Es wird als etwas Normales angesehen, sich vor Figuren aus Holz, Stein oder Ton niederzuknien und mit der Hand Symbole nachzuzeichnen, dies alles wird als Spiritualität verkauft, als etwas Positives. Die geistige Versklavung des Menschen wird als etwas Natürliches (→ Naturrechtslehre) dargestellt. Das Opfer wird temporär von Alltagspflichten entbunden, damit dieser sich durch ständiges Wiederholen von Gebeten sich selbst eine Gehirnwäsche unterziehen kann und dadurch die geistige Versklavung gefestigt wird. Der Glaubende (geistig Kranke) kann Mitleid bzw. Mitgefühl von seiner Umwelt erfahren und wird schonend behandelt. Durch die schonende Behandlung wird ihm die Wahrheit vorenthalten, dass man ihn bewusst getäuscht und ihn geistig missbraucht, ihn geistig versklavt hat und er in einem induzierten kollektiven Wahn lebt.

Die Sozialstruktur „Kirche" ist selbstverständlich nicht homogen, es gibt hier verschiedene Wissens- und Interessenstufen sowie soziale Interessen, je nach sozialer Kaste. In der Kirche gibt es zum Beispiel noch Mitläufer, welche einfach nur Feste feiern oder Gemeinschaft suchen. Und selbstverständlich gibt es noch Heuchler, welche die Texte, die Dogmen, die Ideologie nicht verstehen und einfach nur das tun, was die Autoritäten, die Priester tun. Und dann haben wir noch weitere Menschen, welche einfach nur Geld, Jobs ... möchten. Und so belügen und betrügen sich die Menschen, wollen von diesem hierarchischen Lügenkonstrukt (Kirche) profitieren, haben Angst, sich gegenseitig die Wahrheit zu sagen und singen gemeinsam „Halleluja! – Preiset das Licht. Preiset die Weisheit. Preiset unser kollektives Über-Ich!"

Und warum ...? Es ist nun einmal sehr viel einfacher, ein Mitläufer zu sein, als gegen den Strom zu schwimmen. Wer mit dem Strom schwimmt, verbraucht weniger Energie, deswegen gibt es auch Diktaturen, der Mensch passt sich an, hinterfragt nichts ... Der Mensch verbleibt in seiner Komfortzone, doch nur wenn er aus dieser Komfortzone sich hinausbewegt, die Angstzone durchquert, erreicht er die Lernzone und kann damit geistig wachsen, sich selbst und die Menschheit weiter entwickeln.

Schlussfolgerung:

Unsere Gesellschaft befindet sich demzufolge aktuell in einem induzierten kollektiven Wahn – in einem geistigen Gefängnis, in einer bewusst von außen eingebrachten gemeinschaftlichen Denkstörung mit unterschiedlichen geistigen Krankheiten. Das einzig wirkende Medikament gegen diese geistigen Krankheiten ist das Offenlegen des geistigen Virus – der DNA der Ideologie dahinter. Die DNA wird im Buch **„Handbuch zur rationalen Bibelauslegung"** offengelegt.

Die oben genannten geistigen Krankheiten können nicht durch Schweigen und Mitläufertum geheilt werden, man kann diese unterschiedliche geistige Krankheiten ausschließlich durch eine Konfrontationstherapie heilen, indem der geistig Kranke direkt mit seiner Lüge und/oder Angst konfrontiert wird, erst dadurch entsteht eine Überwindung.

Welchen Spruch werden wir wohl in den nächsten 5 oder 10 Jahren von denjenigen hören, die mit ihrem Mitläufertum die Zukunft und Gesundheit unserer Kinder zerstören? Und somit zur Traumatisierung einer ganzen Generation beitragen. Welchen Spruch werden wir hören? *„Wir wussten es doch nicht besser. Es hat uns doch so niemand gesagt."* Oder: *„Alle haben es doch so gemacht, das konnte doch nicht falsch sein."* Oder vielleicht: *„Was kann man als Einzelner schon groß tun? Was hätte man den tun sollen?"*

"Die Definition von Wahnsinn ist, immer wieder das Gleiche zu tun und andere Ergebnisse zu erwarten. Eine neue Denkweise ist notwendig, wenn die Menschheit weiterleben und die nächste Evolutionsstufe erreichen will."
(unbekannt)

ZUSAMMENFASSUNG

Die religiösen Führer (Papst, Bischöfe ...) erschaffen nicht nur eine ideologische Struktur, sondern formen auch eine leuchtende Gestalt, die als Symbol für das Leben, die Natur oder den Machthaber dient. Diese Personifikation (Jesus) wird dem Volk als Held, Gelehrter und Identifikationsfigur präsentiert. Ein beeindruckender Bogen von Fähigkeiten und Charakterzügen wird gewoben, um diese Figur zu einem Vorbild zu machen, dem die Anhänger eifrig folgen sollen. Als eine Art Vaterfigur wird dem Volk eine Personifikation der Lichtenergie eingeredet (Gott) – eine entitätsähnliche Erscheinung, die als Quelle der Weisheit und Lenkung dient. Unter dem Vorwand göttlicher Führung wird den Gläubigen eingeprägt, dass alles, was der religiöse Führer will, von diesem kollektiven Über-Ich gesagt wird.

Die Geschlechterrollen werden ebenfalls geschickt in die religiöse Manipulation eingewoben. Frauen werden oft mit einer weiblichen Identifikationsfigur programmiert – einer Personifikation der Mutter Erde (Maria). Diese Figur wird stilisiert, um den Anschein von Demut und Anmut zu erwecken. Sie handelt im Einklang mit den Wünschen des Mannes, zeigt mütterliche Eigenschaften und wird dargestellt, als ordne sie sich ganz selbstverständlich den Männern unter. Diese kulturelle Einbettung und Beeinflussung dient dazu, eine bestimmte soziale Ordnung aufrechtzuerhalten und als natürlich zu präsentieren.

Inmitten dieser komplexen Netzwerke der Beeinflussung werden scheinbar tiefgründige Weisheiten über Lichtenergie, Materie und Information als besonderes Wissen hervorgehoben. Konzepte wie der Energiekreislauf vor und nach dem Leben, der Materiekreislauf und die prägende Kraft von Information werden kunstvoll so dargestellt, als seien sie exklusiv den religiösen Führern und Institutionen bekannt. Dieses vermeintliche Wissen wird dazu genutzt, die Anhänger zu beeindrucken und zu überzeugen, dass nur durch die religiöse Lehre ein tieferes Verständnis dieser Konzepte erlangt werden kann. Diese Mechanismen der Identifikation und vermeintlichen Weisheit sind weitere Rädchen im perfiden Getriebe der religiösen Beeinflussung, das dazu dient, die Anhänger zu lenken und zu formen.

SCHLUSSWORT

In den vorangegangenen Kapiteln haben wir die finsteren Pfade der religiösen Manipulation durchschritten und die unheilvollen Mechanismen enthüllt, die im Schatten der Glaubenssysteme lauern. Wir haben eingehend betrachtet, wie Menschen geködert, geführt, geformt und kontrolliert wurden – oft ohne ihr eigenes Wissen oder ihre Zustimmung. Doch das Ausmaß dieser Manipulation reicht tiefer, als wir es uns vielleicht vorstellen konnten.

Unzählige Menschenleben wurden in den Strudel der religiösen Beeinflussung gezogen, während ihre Vorfahren unwissentlich einer beispiellosen Täuschung unterlagen. Eine Fülle von Glaubens-überzeugungen hat ganze Gesellschaften in Angst und Furcht versetzt, indem sie das Unbekannte und Ungewisse als Werkzeuge der Kontrolle eingesetzt haben. Generationen von Menschen wurden indoktriniert, ihre Gedanken in ein Korsett gesteckt und ihr Leben beschnitten.

Wir haben gesehen, wie die Geschichtsbücher umgeschrieben wurden, um ein gefiltertes Narrativ zu präsentieren, das die wahren Wurzeln und Entwicklungen verschleiert. Wissen wurde selektiv zensiert, um die Massen in Unwissenheit zu halten und die Macht der religiösen Institutionen zu festigen. Doch der Durst nach Wahrheit und Erkenntnis ist ungebrochen, und die Zeit der Wahrheit ist gekommen, um den Schleier der Täuschung zu lüften.

Es ist an der Zeit, dass der einfache Mensch aufsteht und sich der dunklen Realität der religiösen Manipulation stellt. Eine kritische Haltung ist der erste Schritt zur Befreiung von den Fesseln der Kontrolle. Es liegt an jedem Einzelnen von uns, die Wunden unserer Geschichte zu entlarven und die Wahrheit ans Licht zu bringen. Indem wir Wissen teilen, informiert aufklären und die Lügenstrukturen der Religionen infrage stellen, können wir die Grundlagen für eine neue Welt legen.

Eine Welt, die von Ehrlichkeit, Aufrichtigkeit und Weisheit geprägt ist.

Eine Welt, in der die Fesseln der Manipulation durch religiöse Mächte endgültig durchbrochen werden. Eine Welt, in der das Streben nach Erkenntnis und Wahrheit über jede Form der Kontrolle siegt. Gemeinsam können wir die Grundlagen für eine bessere, freiere und aufrichtigere Gesellschaft legen – eine neue Welt, die auf den Säulen der Wahrheit und der Gleichberechtigung ruht.

Möge dieses Buch nicht nur die Augen öffnen, sondern auch den Geist ermutigen, das Erbe der Manipulation zu überwinden und eine Zukunft aufzubauen, die auf wahren Erkenntnissen und individueller Freiheit aufbaut. Lasst uns zusammen die Ketten der Täuschung durchbrechen und den Weg zu einer neuen, besseren Welt ebnen.

Sie sind nun Zeuge der größten Lüge der Welt.

In Entschlossenheit und Hoffnung,

Thomas B. Reichert
progressiver Religionswissenschaftler

Die Mechanismen der Unterdrückung

Wenn man den Geist der Unterdrückten beherrscht, kann man diese zu den Komplizen ihrer eigenen Unterdrückung machen. Dieser subtile und effektive Mechanismus beruht auf tief verwurzelten psychologischen und gesellschaftlichen Dynamiken, die oft unbemerkt bleiben, aber dennoch eine enorme Wirkung entfalten.

Von Natur aus haben wir ein Bedürfnis nach Beständigkeit in unserer Lebenswelt. Diese grundlegende menschliche Neigung führt dazu, dass wir den gesellschaftlichen Status quo allen Alternativen vorziehen, selbst wenn diese objektiv besser sind. Wir tendieren dazu, die Nachteile des Status quo kleinzureden und die Opfer der bestehenden Verhältnisse selbst für ihre Situation verantwortlich zu machen. Dies schafft ein trügerisches Gefühl der Stabilität und Ordnung, das durch gezielte Herrschaftstechniken noch verstärkt wird.

Eine zentrale Herrschaftstechnik ist die Erzeugung von Unsicherheit, Angst und Gefühlen der Ohnmacht. Indem der öffentliche Debattenraum extrem eingeschränkt wird und Dissens geächtet und kriminalisiert wird, wird der Raum für kritisches Denken und alternative Perspektiven systematisch minimiert. Menschen, die sich machtlos fühlen, empfinden die Machtstrukturen, denen sie unterworfen sind, eher als fair und legitim. In gewisser Weise dienen die Machtlosen so als Komplizen ihrer eigenen Unterwerfung.

Die Erzeugung von Ohnmacht wird durch die Verdrängung und Verleugnung gesellschaftlicher, physischer und psychischer Realitäten noch verstärkt. Desinformation spielt hierbei eine entscheidende Rolle. Sie beruht weniger auf einfacher Medienmanipulation als vielmehr auf der Schaffung eines Nebels von Verwirrung. Dieser Nebel ist äußerst wirksam, da er das psychische Immunsystem gegen Manipulation ausschaltet.

Desinformation wird durch verschiedene Methoden erzeugt:

→ **Überflutung mit inkohärenten Informationen**
→ **Gewöhnung an Inkonsistenzen und inhaltsleere Wörter**
→ **Gewöhnung an vernunftwidrige oder faktenwidrige Narrative**
→ **Systematisch erzeugter Verfall der Argumentationskultur**

Das Ziel dieser Strategien ist klar: die Erhöhung von Unsicherheit und Angst sowie das Blockieren der Fähigkeit, überhaupt in rationaler Weise Überzeugungen ausbilden zu können. In einer solchen Atmosphäre wird kritisches Denken erschwert, und die Menschen sind eher geneigt, den Status quo zu verteidigen, selbst wenn er ihnen schadet.

Diese Mechanismen sind nicht nur ein Produkt zufälliger Entwicklungen, sondern werden oft bewusst eingesetzt, um Machtstrukturen zu erhalten und zu festigen. Durch die systematische Ablenkung vom bewussten Nachdenken und die Erzeugung eines diffusen Bedrohungsgefühls wird die Verteidigung des Status quo manipulierbar gemacht und verstärkt. Letztlich führt dies dazu, dass die Unterdrückten die Strukturen, die sie unterdrücken, selbst aufrechterhalten und verteidigen.

Auflösung: Eine desinformierte und manipulierte Gesellschaft

Es gibt ein Land, in dem Kinder in staatlichen Schulen desinformiert, desorientiert und manipuliert werden, indem mehrdeutige Geschichten (Mythologie) im Schulfach Religion als heilige Wahrheit und Realgeschichte präsentiert werden. Das Volk wird mit Festen und Feiertagen in das Sozialkonstrukt gelockt, diese Schwindel-veranstaltungen wurden tatsächlich zu offiziellen Feiertage erklärt, damit wurden die Feste der Ideologie auch vom Volk gefeiert, und damit werden diese Feste als etwas Positives vom Volk wahrgenommen.

In diesem besagten Land hängen in Klassenzimmern und Gerichtssälen Symbole der Ideologie und zeigen damit auf, in welcher Ideologie die Kinder desinformiert, manipuliert und Recht gesprochen wird. Das Kruzifix ist ein Symbol für den geistigen Tod des Volkes und ist somit ein Symbol für den geistigen Verfall des Volkes. In diesem besagten Land wird Geschichte gefälscht und Wissen zensiert. Die wahre Geschichte wird hier mit Füßen getreten, und Wissen wird zensiert, als wäre es eine Gefahr für die Menschheit. Ausgedachte Jesusgeschichten werden dem Volk als Realität präsentiert, und die Jesusfigur wird dem Volk als Identifikationsfigur verkauft.

Das Volk wird noch heute indirekt mit halbstaatlichen Medien desinformiert, durch katholische und evangelische Redaktionen bei ARD + ZDF. In den Gesetzen wird diese Desinformation geschützt (Blasphemiegesetz, Volksverhetzung) und gefördert (Religionsfreiheit) – hier wird dem Volk die Freiheit gegeben, sich selbst geistig versklaven zu lassen. Das Geld des Staates wird an die Kirchen umgeleitet. Durch das Umleiten von staatlichen Geldern an das Lügenkonstrukt "Kirche" fehlt dem Staat Geld für wichtige Angelegenheiten. Ein Teil der staatlichen Gelder wird für soziale Zwecke ausgegeben, wodurch sich die Kirche als freundliche, fürsorgende Organisation präsentieren kann. Durch das Vermögen der Kirche hat diese viel Macht und kann Gelder und Jobs vergeben, was wiederum Menschen anzieht.

Aber wie konnte es dazu kommen? Die Wurzel dieses Problems reicht zurück zu einer Vereinigung von schwarzen Philosophen und Machthabern vor vielen Jahrhunderten. Damals gründeten diese ein Macht- und Herrschaftssystem, die Katholische Kirche und dann später die Evangelische Kirche. Das Volk wurde mit Festen, Feiertagen und Brimborium in das hierarchische Sozialkonstrukt "Kirche" gelockt, um es je nach sozialem Status zu programmieren und zu beherrschen. Dann hat die Elite der Kirche vor geraumer Zeit eine eigene politische Partei erschaffen, die Zentrumspartei bzw. die CDU. Mit dieser Partei haben die Kirchen die Kultusministerien unterwandert und konnten somit den Lehrplan von Kindern in staatlichen Schulen beeinflussen und diese geistig manipulieren. Durch ihre eigene Partei konnte das "Herrschaftssystem Kirche" auch Gesetze zum Schutz und zur Förderung dieser Ideologie verankern und Geld des Staates an das "Herrschaftssystem Kirche" umleiten. Es wurden auch eigene Lobbygruppen erschaffen, welche direkt Einfluss auf Gesetze auf Landes- und Bundesebene nehmen. Diese Lobbygruppen sind die Katholische bzw. Evangelische Büros. Die Kirchen verankern mit der eigenen Partei und der Lobbygruppe "Katholische und Evangelische Büros" ihre eigene Gesetze im Gesetzbuch.

Des Weiteren wurden eigene Verlage gegründet sowie öffentlich-rechtliche Sender mit eigenen Redaktionen (evang. + katholische Redaktionen bei ARD + ZDF) unterwandert, die den Glauben und die Kirche positiv darstellen und ihre Mythologie als Realgeschichte präsentieren. ARD + ZDF fungieren auch als Abspielstationen der Eikon Film und der Tellux-Gruppe, Filmproduktionsfirmen der Evangelischen und Katholischen Kirche, in denen gefälschte Dokus ausgedacht und gedreht werden und in Spielfilmen nett über die Kirche und den Glauben gesprochen wird. ARD + ZDF wurden zu Werkzeugen der kirchlichen Propaganda, während die GEZ-Zahler ihre eigene Desinformation finanzierten. Journalistenschulen wie IFP + EJS wurden gegründet, um später positiv über die Kirche zu berichten. Sie errichteten auch eigene Nachrichtenagenturen (IDEA, EPD + KNA), um den kollektiven Wahn weiterhin dem Volk als etwas Positives zu verkaufen. Der öffentliche Raum in Deutschland ist aktuell immer noch von Zensur, Propaganda und Desinformation geprägt.

Ja, man hat sogar die drei Gewalten der Bundesrepublik unterwandert: die Legislative (Lobbygruppen: Evangelische und Katholische Büros, mit der CDU als Gesetzgeber), die Judikative (Kruzifix, Schwur auf die Bibel, Gesetze zum Schutz und zur Förderung der Kirchen) und die Exekutive (Polizeiseelsorge). Jeder, der in diesem "Herrschaftssystem Kirche" mitmacht und das einfache Volk desinformiert und manipuliert, profitiert davon, da er von dem ergaunerten Vermögen unserer Vorfahren profitieren möchte. Ja, es gibt sogar Hochschulen, in denen gelehrt wird, wie man das Volk desinformiert, programmiert und zu gehorsamen und folgsamen Untertanen formt. Diese verdeckte Lehre nennt man übrigens Theologie.

Selbst die Religionswissenschaftler sind dazu geneigt, in festgefahrenen Grenzen ihres Fachgebiets zu bleiben und kritiklos etablierte Lehrmeinungen ohne Nachdenken zu übernehmen. Auch heute noch werden die Wissenschaften in Deutschland negativ von den Religionen beeinflusst. In keinem staatlichen oder städtischen Kunstmuseum wird Ihnen rational die christliche Mythologie erklärt. Entweder sind unsere Kunstwissenschaftler unfähig, die christliche Mythologie zu erklären, oder sie werden zensiert, oder die Kunstwissenschaftler zensieren ihre Gedanken selbst, da sie sich gegen dieses gesellschaftliche Tabu nicht stellen wollen. Die Schere im Kopf der Wissenschaftler zensiert die Wissenschaft selbst. Verschiedene wissenschaftliche Disziplinen beeinflussen sich gegenseitig, und somit werden auch heute noch diverse Wissenschaften von der Theologie negativ beeinflusst und gehemmt. Zu den betroffenen Wissenschaften gehören unter anderem die Kunstwissenschaft, die Literaturwissenschaft, die Kulturwissenschaft, die Philosophie, die Geschichtswissenschaft, die Politikwissenschaft, die Rechtswissenschaft, die Religionswissenschaft, die Psychologie und die Soziologie.

Neben bewussten Machtstrategien gibt es auch psychische Barrieren gegen negative Erkenntnisse, wie etwa unbewusste psychische Widerstände oder Verdrängung aufgrund von Ängsten, Traumata oder gesellschaftlichen Tabus. Verschiedene Mechanismen im Wissenschaftsbetrieb neigen dazu, dass viele Wissenschaftler in ihren festgefahrenen Grenzen ihres Fachgebiets bleiben und kritiklos etablierte Lehrmeinungen übernehmen. Dies kann den Blick für neuere Forschungsergebnisse aus anderen Bereichen und Disziplinen verhindern und somit zu fehlerhaften Ergebnissen führen. Die Wissenschaft entwickelt sich nicht mehr, sie stockt und bewegt sich in die falsche Richtung.

In diesem Land werden also Kinder desinformiert, desorientiert und manipuliert. Geschichte wird gefälscht, und Wissen wird zensiert. Das Volk wird durch private und halbstaatliche Medien desinformiert, desorientiert und verwirrt. Gesetze zum Schutz der Religion und der Kirche wurden erlassen, wobei die Gesetzgebung durch kirchliche Lobbygruppen und den eigenen Parteiarm (CDU) beeinflusst wurden. Das Vermögen des Staates wurde und wird in diesen Kult umgeleitet, und jeder, der von diesem Kirchenvermögen profitieren möchte, spielt den Aberglauben weiter. Selbst die drei Staatsgewalten – die Legislative, die Judikative und die Exekutive – wurden unterwandert. In Hochschulen wird gelehrt, wie man das Volk zu unterwürfigen Untertanen programmieren und zu Mitläufern erziehen kann, ein wichtiges Stichwort hierzu ist "Gaslighting."

Gleichzeitig wird dem teilwissenden Volk Angst vor der Aufarbeitung dieses Lügenkonstrukts induziert. Durch diesen Kult sind verschiedene geistige Krankheiten in der Bevölkerung entstanden, die sich gegenseitig nähren und unterstützen. Dazu gehören geistiger Narzissmus, Münchhausen-Stellvertretersyndrom, Pseudologie und Gaslighting bei der Tätergruppe sowie Stockholm-Syndrom und kognitive Dissonanz bei der Opfergruppe, dem einfachen Volk. Das ganze Land ist von der Angst vor der Aufklärung und der Angst vor der Wahrheit durchzogen (Angststörungen → Phobien). Seit Jahrhunderten wurden unsere Ahnen geistig versklavt und geistig getötet. Millionen von Menschen sind durch diesen Opferkult umgekommen, und mehrere Milliarden Menschen wie DU und ICH waren und sind bis heute noch die Opfer.

Was denken Sie über dieses Land? Was denken Sie über diesen totalitären Staat? Was denken Sie über Deutschland? **Was ist das für eine Gesellschaft, in der so viel Unrecht geschieht?** Und können Sie sich vorstellen, welche Lehre dahintersteckt? Kann man das Land überhaupt noch als Demokratie bezeichnen?

PS: Gerade als ich diesen Text redigieren wollte, läuteten die Kirchenglocken und riefen mich und meine Mitmenschen auf, die Kirche zu besuchen – eine von etwa 40.000 Kirchengebäuden in Deutschland. Ich und meine Mitmenschen sollen in ein Kirchengebäude gehen, sich desinformieren, manipulieren und programmieren lassen und sich einem induzierten kollektiven Wahn unterordnen. In was für einem totalitären Staat, in was für einer geistig kranken Nation leben wir?

PPS: Wenn sie jetzt immer noch nicht realisieren, dass Sie in einem totalitären Staat sich befinden, dann schauen sie sich einfach mal die Mitglieder der AGKOD an, dagegen waren die Organisationen des Nationalsozialismus und der DDR-Diktatur nur ein Schatten ihrer selbst.

Möge dieser Text Ihre Augen öffnen, wenn Sie den Mut haben, die finsteren Geheimnisse dieses Landes zu erkennen.

Die Psychologie des Täuschens und Betrügens

Täuschung funktioniert aus mehreren Gründen: Erstens, weil wir sie nicht erwarten. Wir sind nahezu blind für das, was wir nicht voraussehen. Zweitens, Täuschung spielt mit unserem Vertrauen. Wenn unser Vertrauen missbraucht wird, wenn wir emotional eingebunden werden und wenn Mechanismen genutzt werden, um in einer komplexen Welt effizient zurechtzukommen, ist Täuschung besonders wirksam.

Menschen sind von Natur aus so gepolt, dass sie zunächst das glauben, was ihnen gesagt wird. Ohne dieses implizite Vertrauen wären soziale Beziehungen nicht möglich. Dieses angeborene Vertrauen macht uns jedoch anfällig für Täuschung. Jeder Mensch kann getäuscht werden, unabhängig von seiner Intelligenz oder seinem Bildungsgrad. Täuschung wirkt nicht durch rationale Argumente, sondern durch emotionale Beeinflussung. Besonders dann, wenn die Täuschung gut in das Weltbild des Betroffenen passt, ist die Wahrscheinlichkeit hoch, dass sie erfolgreich ist. Das Gehirn neigt dazu, Informationen zu akzeptieren, die gut ins eigene Denkmuster passen.

Wie konnte es soweit kommen, dass Betrug oft unbemerkt bleibt und nicht thematisiert wird? Der Mensch ist von Natur aus gutgläubig und will nicht realisieren, dass wir in einer Welt der Lügen leben. Hier greift das Konzept der kognitiven Dissonanz. Ohne ein generelles Vertrauen in andere Menschen kann keine Gesellschaft funktionieren, und dieses Vertrauen wird oft von abrahamitischen Religionen ausgenutzt.

Wie wird ein Mensch zum Hochstapler?
Es müssen drei Faktoren zusammenkommen: eine hohe Selbstüberzeugung, die Motivation, dies zu tun, und die Fähigkeit zur Selbstrechtfertigung. Meistens sind es egoistische Motive, die verfolgt werden, wie Anerkennung, Geltung, Geld, Macht, Einfluss oder Prestige.

Täter nutzen häufig Neutralisierungstechniken (→ Rechtfertigungslehre), um ihr Verhalten zu rechtfertigen. Sie minimieren ihre Verbrechen und stellen die Opfer als naiv oder dumm dar. Sie drehen die Situation so, dass es erscheint, als hätten sie den Opfern sogar geholfen. Tatsächlich aber sind die Betrogenen Opfer von Desinformation, Desorientierung und Manipulation. Sie verlieren ihr Vertrauen in bestimmte Systeme und Institutionen. Diese Strategien dienen nur dazu, das eigene Verbrechen besser dastehen zu lassen. Auch wenn wir nicht direkt betroffen sind, werden wir alle geschädigt, weil wir Vertrauen verlieren.

Die Motive von Priestern und anderen Täuschern sind vielfältig, aber eines haben sie gemeinsam: Sie hinterlassen Opfer. Die Perspektive der Opfer und der Schmerz des gebrochenen Vertrauens dürfen nicht vergessen werden. Täuschung und Betrug hinterlassen Leid bei den Betroffenen, weil die Täter gezielt die Schwächen, das angeborene Vertrauen und die emotionalen Lücken ihrer Opfer ausnutzen, um ihre Betrugsmaschen zu verwirklichen.

Wir können uns nur vor Täuschungen schützen, wenn wir uns mit Täuschungstechniken vertraut machen, die Tricks kennen und unser eigenes Verhalten kritisch beobachten. Genau deswegen wurde dieses Buch geschrieben.

Anhang 1

Zusammenfassung der verschiedenen sozialen Stufen in den abrahamitischen Religionen

In den abrahamitischen und insbesondere im Christentum gibt es verschiedene Wissensstufen, welche pyramidal aufgebaut sind, d. h., in der untersten Wissensstufe gibt es eine große Anzahl, es ist die Basis, auf denen die weiteren, höheren Wissensstufen basieren. Die nachfolgenden Wissensstufen von **religiösen Gruppen (RG)** kann man jedoch nicht scharf abgrenzen, sie sind fließend.

Basis (RG.B): Die Basis nimmt die mehrdeutigen Märchen als Realität wahr, sie glauben wirklich, dass es einen Gott gibt und die Bibelgeschichten Realität sind.

Höhere Basis (RG.HB): Diese Stufe basiert auf Menschen, welche nur die religiösen Feste feiern. Meistens heucheln diese Menschen und geben sich als Gläubige aus. Die Kirche wird als eine positive Gruppe wahrgenommen und jeder Mensch, der sich selbst als positiv darstellen möchte spielt seinen Mitmenschen den Glaubenden vor.

Mittlere Stufe (RG.MS): Diese Gruppe von Menschen profitiert von der religiösen Gruppe, meist erhalten diese von der Kirche eine höhere soziale Stellung oder Jobs. Diese Menschen legen die biblischen Texte teilweise allegorisch, metaphorisch aus und denken, dass diese besonderes Wissen haben. Diese Menschen denken, dass es darum geht, das einfache Volk nett zu führen, Gemeinschaft zu geben, Feste zu feiern.

Höhere Stufe (RG.HS): Diese Gruppe von Menschen versteht die einfachen Weisheiten und die biblischen Texte. Diese Menschen sehen sich selbst als Elite, als Erleuchtete an und meinen, dass sie Philosophen sind. Diese Gruppe versteht die Naturrechtslehre anders als die nachfolgende Spitze.

Spitze (RG.S): Die religiöse Elite ist die Spitze der hierarchischen Gesellschaftspyramide, diese Menschen reden abstrakt, symbolisch, allegorisch, metaphorisch – die geistige Elite, welche mit der herrschenden Klasse das Volk geistig versklavt – sie spielen schließlich mit Menschenleben und wollen von diesen profitieren.

Wenn eine religiöse Gruppe eine Ingroup darstellt, dann gibt es auch noch Menschen außerhalb dieser Gruppe, die Outgroup, die Außenseiter.

Die **Außenseiter** der religiösen Gruppe werden oft als **Atheisten (A)** abgestempelt, die Schlechten, die Nichtwissende. Diese Gruppe von Menschen wurden früher verfolgt, geächtet ... somit wurde diese Gruppe zum Schweigen gebracht, diese Menschen bekamen einen Denkrahmen induziert. Manche Außenseiter reagieren mit Resignation und ziehen sich zurück.

Unwissende Atheisten (A.UA): Ungläubige Menschen werden von der religiösen Gruppe als "Atheisten" bezeichnet und meistens als schlecht gebrandmarkt. Durch den Titel "Atheist" wird diese Gruppe geframed, da sie nicht über Religionen nachdenken, sondern Götter einfach verneinen soll. Durch den Titel "Atheist" wird diese Gruppe geframt, da diese Gruppe nicht über Religionen nachdenken soll, sie soll Götter einfach verneinen.

Schweigende Wissende (A.SW): Ein anderer Teil der "Nichtgläubigen", die jedoch die biblischen Texte, die Ideologien verstehen, werden durch Angstinduktion zum Schweigen gebracht "Wenn das ganze Lügenkonstrukt aufgeklärt wird, dann gibt es Krieg, dann geht die Welt unter."

All diese Menschen belügen und betrügen sich gegenseitig, wobei der einfache Mensch in einem induzierten kollektiven Wahn leben darf – die

Opfer. Ein anderer Teil des Volkes wird zu Mitläufern und Ja-Sagern programmiert, dieser Teil des Volkes möchte nur Feste feiern und sich als positiven Menschen darstellen. Ein anderer Teil der religiösen Gruppe möchte von dem Sozialkonstrukt profitieren und eine höhere soziale Stellung und Geld damit verdienen.

Und alle haben sie Angst, die Wahrheit zu sagen, die Wahrheit, dass das Christentum sowie das Judentum und der Islam ein Opferkult ist, ein riesengrosses Lügenkonstrukt, welches Millionen von Menschenleben gekostet hat und somit wird die Lüge von Generation zu Generation vererbt – diese Lüge ist die vererbte Sünde – die Erbsünde.

Dieser ganze induzierte Wahn, dieses Lügenkonstrukt, wird dem einfachen Menschen als etwas Gutes verkauft.

Übrigens!
In der christlichen Mythologie werden die Anhänger der religiösen Gruppe (Kirche) selbst personifiziert, als 12 Jünger. Bei den 12 fiktionalen Aposteln (Stellvertreter) handelt es sich um Personifikationen der verdeckten Weisheit (Johannes) bzw. der weisen Menschen, Personifikationen der Priester (Jakobus), wobei es auch hier die Priester unterteilt werden in ältere Priester (Jakobus, der Sohn des Zebedäus), welche die Weisheiten und Bosheiten des Kults kennen und jüngere Priester (Jakobus, der Sohn des Alphäus), welche die verschiedenen Wissensstufen noch nicht durchschaut haben. Des Weiteren gibt es noch diejenigen, welche die Kirche und das ganze Brimborium lieben (Philippus). Es gibt Zweifler (Thomas), welche ihre Hand in die Wunde der Gesellschaft legen und dann gibt es noch die Bauern, die Furchenzieher (Bartholomäus), welche abgezogen werden, sie werden abgezogen und müssen leiden, die Opferlämmer dieses Opferkults.

Mehr Informationen zu den mehrdeutigen Figuren des religiösen Sozialkonstrukts im Buch "Handbuch zur rationalen Bibelauslegung".

Anhang 2

Christliche Mythologie, Figuren, Dogmen und Feste kurz erklärt

Die 3 wichtigsten Geschichten (Weihnachtsgeschichte, Ostergeschichte und Apokalypse) im Christentum rational erklärt.

Weihnachtsgeschichte: Wie kann man die Weihnachtsgeschichte rational auslegen?

Die Sonne (Gottvater) sendet das Sonnenlicht (Heiliger Geist) auf Mutter Erde (Materie), daraus entsteht das Leben und die Natur, die Menschheit (Jesus). Höheres Leben, also die Menschheit, muss Leben opfern, damit dieses Leben entstehen kann (Jesus in der Krippe). Der Ziehvater von uns Menschen ist die Information bzw. die Kultur, die uns prägt (Josef). Aus Sonnenlicht, Materie und Information entsteht Natur, Leben, die Menschheit, der Herrscher der Welt (Jesus). Die Hirten (lateinisch: Pastoren) symbolisieren selbstverständlich die Priester, und die treudoofen Schafe sind das Symbol für das gutgläubige Volk, das geführt wird. Aber eigentlich wollen die Hirten natürlich nur von den Schafen profitieren, sie scheren, melken, schlachten und die Opferlämmer erziehen: „Folge dem guten Hirten!"

Der Esel und der Ochse sind die Zuschauer, das sind wir alle. Wir stehen vor der Geschichte und verstehen sie nicht. Wir stehen wie ein Esel (dumm) und ein Ochse (kastriert $\rightarrow$ zahm) vor dem Berg (etwas Höherem). Anschließend bringen die drei Könige (fiktive Figuren) Gold, Weihrauch und Myrrhe, diese Symbole stehen für Sonne (Gold), Licht (Weihrauch macht Lichtstrahlen sichtbar) und Natur (Myrrhe ist eine Heilpflanze), und dies ist übrigens auch schon die Trinität. Das Licht kommt aus der Sonne und wird dann durch Photosynthese und Nahrungsaufnahme zu unserer Lebensenergie, und damit kann man wirklich alles sagen und mit diesen Märchen sein Volk programmieren. Aber nun weiter in der Weihnachtsgeschichte: Herodes, also der böse Herrscher, ist interessiert daran, die Kleinkinder geistig zu töten, und so verkauft er den „Glauben" (induzierter kollektiver Wahn) als etwas Gutes. Denn ein geistig totes Volk kann nicht mehr klar denken, und somit kann man dieses großartig beherrschen.

Die neutestamentlichen Geschichten sind selbstverständlich aus dem Alten Testament abgeleitet, wobei man die immer gleichen Themen in einer zusammenhängenden Geschichte erzählt hat.

Ostergeschichte: Welcher tiefere Sinn steckt hinter der Ostergeschichte?
Kommen wir also kurz zur Ostergeschichte und reden Klartext: Zum einen ist das Osterfest natürlich ein Frühlingsfest – die Natur/das Leben erwacht aus dem Tod (Winter). Aber man kann die Ostergeschichte natürlich auch noch ein wenig anders auslegen, und zwar folgendermaßen: Die Menschheit (Jesus – Personifikation der Menschheit) wird verraten. Es ist ein Verrat an der Menschheit, seine Mitmenschen einem Wahn zu unterwerfen – sie zu verdummen, Geschichte zu fälschen, Wissen zu zensieren … Die weise Menschheit geht also ihren Leidensweg (Kreuzweg), wird vom Volk nicht gewollt, angespuckt, beschimpft und stirbt dann einen geistigen Tod am Kreuz. Auf dem Kreuz ist ein Schild, ein Brett angebracht, auf dem steht "INRI", also "Jesus Nascere Rex Jerusalem" oder verständlicher ausgedrückt: "Menschheit, geborener König der Welt."

WIR – die Menschheit haben den Boden unter den Füßen verloren und sind geistig tot, und so glauben wir alle Irrlehren, die uns als Kind eingeimpft wurden bzw. hinterfragen sie nicht. Unsere Füße und Hände sind fixiert, und somit können wir uns nicht fortbewegen (Fuß) und nicht handeln (Hand). WIR (die Menschheit) – die Herrscher der Welt hängen am Kreuz, sind geistig tot und realisieren es noch nicht einmal. Die Leber wurde angestochen, was ein Symbol für das Leben ist, für die Erneuerung (→ Leber in der Prometheus-Geschichte). Aber solange das dummtreue Volk die Märchen der Bibel hören möchte, also belogen und betrogen werden möchte, solange wird es belogen und betrogen. Doch eines Tages wird die Menschheit von den geistig Toten auferstehen ...

Der zweifelnde Thomas glaubt jedoch den Märchen nicht, und so legt er seine Hand in die Wunde der Menschheit (Jesus) und macht somit auf das Übel der Welt aufmerksam. Wir gedenken an Ostern dem Tod, unserem eigenen geistigen Tod und hoffen auf unsere eigene geistige Auferstehung. Wir glauben bzw. begehren Märchen und hinterfragen sie nicht.

Werde doch jetzt endlich ein Jünger, ein Anhänger der Wahrheit und bringe die gute Nachricht (Evangelium) in die Welt: Die Weisheit (Heiliger Geist) ist nun auf dich herabgekommen – die weise Menschheit (Jesus Christus) ist zurückgekehrt – DU bist die weise Menschheit. Verkünde die Wahrheit über diese mehrdeutigen Texte und ihre böse Philosophie. Und dies war übrigens auch schon die Quintessenz der Pfingstgeschichte.

Apokalypse: Was ist das Thema vom letzten Buch der Bibel „Die Offenbarung des Johannes"?
Das große Thema des letzten Buches der Bibel ist die Geschichte der Religionen, speziell des Christentums und deren Aufklärung. Das Buch handelt hauptsächlich vom Kampf zwischen Dunkelheit (Lüge, Zensur, Betrug) und Licht (Aufklärung, Wissen, Weisheit). Es ist die Geschichte der Menschheit und aller Religionen vom Anfang bis zur Endzeit, dem Weltgericht und darüber hinaus bis zur Neuen Welt.

Dieses Buch betrifft uns alle, es handelt von Vergangenheit und Zukunft sowie unserer Gegenwart – uns Menschen. Es behandelt Himmel und Erde, Schönheit und Hässlichkeit, Wahrheit und Lüge, Weisheit und Dummheit, Angst und Erlösung und erzeugt somit ein großes Erstaunen über uns, die Menschheit.

Die Offenbarung des Johannes (Offenbarung der Weisheit) steht am

Ende der Bibel, und das natürlich nicht ohne Grund. Am Anfang der Bibel wird literarisch beschrieben, wie "Gott" (Personifikation des Geistes: Licht → die Lichtenergie des Himmels sowie Wille, Weisheit des Machthabers) die Erde, die Welt erschuf, hier wird der Anfang der Welt erzählt. Am Ende der Bibel steht die Offenbarung – die Offenbarung der Weisheit. In diesem verschlüsselten Text (Steganogramm) wird die Geschichte der Menschheit, die Geschichte der Religionen und speziell die Geschichte des Christentums nacherzählt – es offenbart die böse Ideologie, es offenbart vieles über den Menschen – wie der Mensch gestrickt ist, dass er ein Mitläufer ist … Und dass das Christentum ein romantischer Opferkult war und ist – ein Macht- und Herrschaftssystem – eine Art Diktatur.

Gleichzeitig wird dem weisen Aufklärer Angst vor der Wahrheit eingeredet, und so dreht sich eine Spirale aus Schweigen und Angst: Tag für Tag, Jahr für Jahr und Generation für Generation.

Mehr Wissen zu Personifikationen, Symbole … sowie zur Auslegung der mehrdeutigen ausgedachten Geschichten findet man im Buch **"Handbuch zur rationalen Bibelauslegung"** *und im Buch* **"Das Lamm entsiegelt die Offenbarung des Johannes"**.

Die wichtigsten Figuren im Christentum

Gott:

Ein Alleingott (JHWH, Gott, Allah ...) ist eine ausgedachte Figur. Alte Alleingötter (Aton, Ahura Mazda ...) waren Personifikationen der Lichtenergie (das immaterielle) und damit kann man natürlich alles sagen und dem einfachen Menschen ein kollektives Über-Ich generieren – einen Wahn induzieren. Selbstverständlich ist die Energie aus der Sonne überall (in belebter und unbelebter Natur) und hat alles Leben erschaffen. Aber eigentlich ging und geht es darum, dem einfachen Volk ein kollektives Über-Ich einzureden. Alles was der Machthaber bzw. der Priester möchte, sagte die Gottesfigur z. B. "Gehorche deinem Machthaber", "bleibe in deiner sozialen Kaste", "folge deinem Priester", "Frauen sollen sich Männern unterordnen", "das Leid der einfachen Menschen ist positiv", "wenn du glaubst, bist du ein guter Mensch".

Teufel:

Der Teufel bzw. Satan ist eine ausgedachte Figur, eine Personifikation des Bösen. Jeder Mensch ist auf seinen Eigenvorteil bedacht und manchmal schädigen wir durch unser Handeln unsere Mitmenschen bewusst – wir tun also schlechte (böse) Dinge. Das "Böse" wurde als Person gedacht, aber eigentlich ging es darum dem Volk Angst einzureden, das Volk zu desinformieren und manipulieren.

Jesus:

Die Jesusfigur ist eine Personifikation der Natur, des Lebens und der Menschheit, eine Handpuppe der Theologen. Vorgängerfiguren waren unter anderem Adonis, Mithras und Dionysus. Der Name wurde aus dem Altgriechischen transkribiert und bedeutet so viel wie "Sohn".

Maria:

Maria ist eine Personifikation von Mutter Erde, aber eigentlich ging es darum, speziell Frauen zu programmieren. Frauen hat man mit der Mariafigur zu stillen, mütterlichen, devoten und demütigen Müttern erzogen, sie sollten tun, was der Mann bzw. die Herrscher wollten – die Frauen sollten sich den Männern unterordnen.

Josef:
Die Josefsfigur ist eine Personifikation der Information, der Ziehvater der Menschheit (Jesus) – wir Menschen werden durch Informationen (Kultur) geprägt.

12 Apostel:
Die 12 Jünger stehen für die unterschiedlichen Anhänger der christlichen sozialen Gruppe (Kirche), sie sind Stellvertreter (Apostel) für die älteren Priester (Profiteure), die jüngeren Priester, für die weise Menschen, den Kirchenliebhaber, für die Zweifler ... bis zu den einfachen Bauern (Opferlämmer).

Wichtige Bezeichnungen im Christentum

Die nachfolgenden christlichen Begriffe veranschaulichen, wie religiöse Lehren systematisch dazu verwendet wurden, das einfache Volk zu kontrollieren und von den Machthabern abhängig zu machen. Durch die gezielte Manipulation von Konzepten wie Seele, Himmel, Hölle und Erbsünde wurde eine falsche Realität geschaffen, die das Volk in einem Zustand der Unterwerfung hielt.

Seele:
Die Seele ist eine Figuration der Gedanken und Gefühle, hier werden also Gedanken und Gefühle als künstlerische Figur gedacht. Das Wort "Seele" ist ein Synonym für "Psyche".

Himmel:
Mit dem Himmel ist die positive Gedanken- und Gefühlswelt gemeint. Wenn wir über unsere Mitmenschen freundlich und positiv reden, sie „anhimmeln", dann sind diese Menschen im Himmel. Eigentlich ging es jedoch darum, dem Volk einen Wahn zu induzieren. Die einfachen Menschen sollten tun, was der Machthaber im Hier und Jetzt wollte, damit sie nach dem Tod im Himmel „weiterleben" dürfen. Im Hier und Jetzt musste sich das einfache Volk dem Machthaber unterwerfen und wurde auf ein nicht existierendes Leben nach dem Tod vertröstet.

Hölle:
Die Hölle ist die negative Gedanken- und Gefühlswelt. Wenn wir laut, aggressiv, negativ über unsere Mitmenschen reden, dann sind diese in der Hölle, aber eigentlich ging es darum, dem Volk einen Wahn zu induzieren und dem Volk Angst einzujagen.

Sünde/Erbsünde:
Eine Sünde ist eine Verfehlung (wir schädigen andere Menschen), und diese Verfehlung vererben wir von Generation zu Generation weiter. Jeder Mensch, der von dem Sozialkonstrukt (religiöse Gemeinschaft)

profitieren möchte, belügt und betrügt seine Mitmenschen, zensiert Wissen und Weisheiten, verdummt seine Mitmenschen und erschafft Angst vor der Aufklärung. Somit wird diese Lüge (Religion) von Generation zu Generation vererbt – dieses Lügenkonstrukt nennen wir „die Erbsünde"!

Auferstehung von den Toten:

Wenn das einfache Volk realisiert, dass man es desinformiert, desorientiert und manipuliert hat und dass es sich bei den biblischen Geschichten um ausgedachte Erzählungen handelt, welche man abstrakt, symbolisch, allegorisch und metaphorisch auslegen muss. Wenn das Volk erkennt, dass man es mit diesen mehrdeutigen Geschichten programmiert hat, um es geistig zu beherrschen und von ihm zu profitieren. Ja, dann steht das Volk von den [geistig] Toten auf.

Paradies:

Der Himmel wird fälschlicherweise gerne als Synonym für das Paradies genannt. Das Paradies steht jedoch für eine Welt ohne logisch konstruierte Irrlehren (Religionen), eine Welt, in der die einfachen Menschen nicht desinformiert, desorientiert und manipuliert werden – das Paradies der Menschheit. Die Menschheit lebte vor den abrahamitischen Religionen im Paradies, es wurde also nicht desinformiert, desorientiert, manipuliert, belogen, betrogen ...

Weiterleben nach dem Tod:

Der Mensch kann nach dem realen Tod nur "weiterleben", wenn er etwas Positives für die zukünftige Menschheit erschafft. Unsere Gedanken, Gefühle und Taten können nach unserem Leben "weiterleben", in Bücher, Musik, Filme oder in allen Taten, welche die zukünftige Menschen bereichern sowie durch unsere eigenen Nachkommen.

Die wichtigsten Dogmen im Christentum rational erklärt

Theologen vermitteln dem einfachen Volk bewusst falsche Gedanken. Dogmen sind Lehrsätze und zeigen auf, was wirklich stimmt – auf einer anderen Ebene. Aber eigentlich geht es darum, das Volk zu desinformieren und manipulieren – Stichwort: Gaslighting!

Unfehlbarkeit des Papstes:

Der Papst versteht selbstverständlich die Symbolzahlen, Personifikationen, Allegorien ... und spielt den "Glauben" nur vor. Deswegen ist er unfehlbar in seiner Tätigkeit.

Trinität:

Dogmen sind Lehrsätze und zeigen auf, was wirklich stimmt – auf einer anderen Ebene. Als Beispiel wird kurz die Trinität erklärt:

- Gottvater: Vater Sonne – in der bildenden Kunst ein alter Mann.
- Heiliger Geist: Sonnenlicht – die besondere Kraft des Sonnenlichts macht durch Fotosynthese die Natur lebendig.
- Gottessohn: Personifikation der Natur, der Menschheit, das Leben.

Gott ist also nichts anderes als die Personifikation der Lichtenergie. Alles drei (Sonne, Sonnenlicht und Natur) ist Lichtenergie. Die Lichtenergie (das Immaterielle → das Geistige) ist überall und hat alles erschaffen.

Maria ist Gottesgebärerin und leiblich im Himmel aufgenommen:

Maria ist Gottesgebärerin und leiblich im Himmel aufgenommen: Mutter Erde (MA.te.RIA) hat alles Leben (Jesus: Personifikation des Lebens/ Natur) erschaffen. Dieses Leben kann nur durch die Sonnenlichtenergie (Gott) existieren. Selbstverständlich ist unsere Erde im Himmel und braucht etwa 365 Tage, um einmal um die Sonne zu fliegen.

Feste und Feiern im Christentum

Weihnachten:

An Weihnachten wird die Wintersonnenwende gefeiert und die Tage werden wieder länger. Des Weiteren wird in der Weihnachtsgeschichte die Entstehung des Lebens und die Entstehung des Sozialkonstrukts "Kirche" gefeiert.

Ostern:

Zu Ostern wird die Auferstehung der Natur und des Lebens gefeiert. Es ist ein Frühlingsfest. Hier wird aber auch der geistige Tod des Volkes in dem Opfertod der Jesusfigur glorifiziert, wobei das einfache Volk geistig getötet wurde und auf die geistige Auferstehung von den Toten wartet.

Pfingsten:

An Pfingsten wird in der äußeren Lehre die Entstehung der Kirche gelehrt, wobei die Apostel (Stellvertreter des Volkes) durch den Heiligen Geist mit "Weisheit" erleuchtet werden und dann in die Welt hinausgehen, um das religiöse Sozialkonstrukt "Kirche" zu promoten und dadurch zu erschaffen. In der inneren Lehre jedoch wird genau das Gegenteil gelehrt: Wenn das einfache Volk die mehrdeutigen Geschichten versteht, wird sich die Kirche auflösen und die verschiedenen Teilnehmer des Sozialkonstrukts in aller Welt zersplittern.

Fronleichnam:

Beim Fronleichnamsfest wird die Eucharistie gefeiert, also die Aufnahme von ehemals lebendiger Natur (Weizen). Durch diese Nahrung erhalten wir unsere Lebensenergie. Alle unsere Lebensenergie erhalten wir somit indirekt von der Sonne (Vater), welches Licht (Heiliger Geist) auf die Erde strahlt und somit die Natur (Sohn) erschafft. Auf diese Weise ist der Sohn (Natur) tatsächlich bei der Eucharistiefeier leiblich gegenwärtig, durch den Weizen (Leib), den die Gläubigen essen.

Taufe, Kommunion und Firmung:

In diesen drei Feiern werden zum einen die verschiedenen Lebensphasen des Menschen – Geburt, Kindheit und Jugend – gefeiert. Zudem wird die Aufnahme dieser Personen in den christlichen Kult und in das hierarchische Sozialkonstrukt "Kirche" zelebriert.

Eucharistiefeier:

Das Wort "Eucharistie" kann man mit Dankbarkeit übersetzen. In dieser Feier wird das Wichtigste gefeiert, nämlich die Aufnahme unserer Lebensenergie durch Nahrungsaufnahme. In der Eucharistiefeier essen wir eine Weizenoblate (Weizen) bzw. trinken Wein (Trauben), wobei der Weizen für das Brot nur durch das Sonnenlicht (Photosynthese) wachsen konnte. Unsere gesamte Lebensenergie erhalten wir indirekt aus dem Sonnenlicht durch unser Essen. Dadurch können wir wachsen, uns bewegen, handeln, denken und sprechen.

Höheres Leben muss anderes Leben töten, damit es selbst leben kann. Wir Menschen sind dankbar, dass wir anderes Leben (Pflanzen, Tiere, Pilze usw.) essen können, damit wir leben können.

Mehr Wissen zu Symbolen, Symbolzahlen, Personifikationen, Festen und zur Auslegung der mehrdeutigen Geschichten findet man im Buch "Gottesoffenbarung – Aufklärung Gott und Christentum" sowie im Buch "Handbuch zur rationalen Bibelauslegung".

"Man spielt nicht mit Menschenleben.
Mit Menschenleben spielt man nicht."
Thomas B. Reichert

Buchempfehlung: "Gottesoffenbarung – Aufklärung Gott und Christentum – Das Licht der neuen Aufklärung"

„Zwar leben wir in einem Zeitalter der Aufklärung, aber noch nicht in einem aufgeklärten Zeitalter", sagte der Aufklärungsphilosoph Immanuel Kant im Jahr 1784. Doch wie aufgeklärt ist eigentlich unser gegenwärtiges Zeitalter?

In seinem wissenschaftlichen Sachbuch "Gottesoffenbarung – Aufklärung Gott und Christentum – Das Licht der neuen Aufklärung" entzaubert der Autor Thomas B. Reichert das Christentum und seine zentralen Dogmen. Gott, Trinität, Glaubensbekenntnisse – Reichert nimmt Bekanntes und verbindet es mit anderen Fakten, zieht logische Schlüsse und fordert immer wieder zum eigenen Denken auf. Wer sich dem entzieht und in seiner Wohlfühlzone bleibt, verpasst die Inspiration und den Aha-Effekt, den dieses Buch zu bieten hat.

Der Autor erklärt, was man unter Seele, Himmel, Hölle und der Auferstehung des Leibes verstehen muss und wie man Religionen deuten sollte. Seine Thesen sind provokant und fordern den Leser heraus, alte Überzeugungen zu hinterfragen. Kann und darf man den christlichen Gott und das Christentum logisch erklären? Dieses Buch ist nichts für schwache Nerven, aber es bietet jede Menge neuer Erkenntnisse.

Mit "Gottesoffenbarung" trifft der Autor ins Herz vieler Zeitgenossen, die die aktuellen Skandale um die Kirchen ernst nehmen. Für den trotzigen, wissbegierigen Leser beginnt hier eine spannende Reise durch Themen wie Religion, Kunst, Hermeneutik, Philosophie, Psychologie, Soziologie, Spiritualität, Politik, Macht, Geld und Kirche.

Der Autor macht deutlich, in welcher Scheinwelt wir leben und betont, dass Menschen in Religionen „sozialisiert, erzogen, geführt, geformt, getröstet, programmiert und genutzt" werden. Er fordert die Leser dazu auf, ihr Leben und ihren Glauben zu hinterfragen und nicht nur zu glauben, ohne mitzudenken.

Eindrucksvoll geschrieben, gut recherchiert und logisch nachvollziehbar, geht Reichert der Frage nach, warum der Staat Religionen unterstützt, was Götter sind, wer sie erschuf und weshalb. Er hinterfragt, wer von der Religion profitiert und ob wir überhaupt einen Gott brauchen. Mit jedem Kapitel begeht Reichert einen Tabubruch nach dem anderen.

Dieses Buch ist ein Appell an alle, die tolerant und kritisch sind und sich auf neue Betrachtungsweisen einlassen wollen. Es stellt die Frage: Ist Religion eine Art von Kunst, Diktatur, Gesellschaftskontrolle, Spiritualität oder gar ein riesiges Lügengebäude?

Gottesoffenbarung – Aufklärung Gott und Christentum – Das Licht der neuen Aufklärung

Autor: Thomas B. Reichert
Taschenbuch: 144 Seiten
ISBN-13: 978-3735739926

Buchempfehlung: "Handbuch zur rationalen Bibelauslegung – Christliche Mythologie und biblische Märchen logisch erklärt"

Der Bibelcode ist geknackt! Der Religionswissenschaftler Thomas B. Reichert hat sich einem der größten Tabus unserer Zeit angenommen: Gott und Religionen. In seinem Buch "Handbuch zur rationalen Bibelauslegung – Christliche Mythologie und biblische Märchen logisch erklärt" erklärt er die Mythen der abrahamitischen Religionen (Judentum, Christentum, Islam) auf logisch nachvollziehbare Weise.

Reichert geht dabei detailliert auf Symbolzahlen, Symbole, allegorische Figuren, verborgenes Wissen und verschiedene Textarten (Hermeneutik) ein. Besonders beeindruckend ist seine rational-logische Erklärung der vieldeutigen Geschichten der Bibel (Exegese). Er enthüllt die wichtigsten allegorischen Bibelfiguren wie Adam, Eva, Mose und Jesus und beleuchtet die bekanntesten Bibelgeschichten sowie deren verborgene Botschaften und Weisheiten. Dies geschieht auf eine Weise, die direkt, ehrlich, offen und schonungslos ist.

Die Bibel, die Reichert als fiktionale Literatur enttarnt, beginnt seiner Meinung nach mit einem zauberhaften Anfang und endet mit der Aufdeckung des größten Betrugs aller Zeiten. In diesem Betrug leben wir laut Reichert noch immer. Er ruft dazu auf, uns von alledem zu befreien, was wir zu wissen glauben, und Platz für wahre Erkenntnis zu schaffen.

Dieses Buch ist ein erfrischend neues und provokantes Werk, das nicht nur Querdenker anspricht, sondern alle, die bereit sind, ihre bisherigen Überzeugungen zu hinterfragen. Es bietet eine fundierte, rationale Analyse und lädt den Leser dazu ein, die Bibel aus einer völlig neuen Perspektive zu betrachten.

Handbuch zur rationalen Bibelauslegung – Christliche Mythologie und biblische Märchen logisch erklärt

Autor: Thomas B. Reichert
Taschenbuch: 140 Seiten
ISBN-13: 978-3748175483

Buchempfehlung: "Das Lamm entsiegelt die Offenbarung des Johannes – Aufklärung der Endzeit, Apokalypse, Weisheiten, Jüngstes Gericht ... und die Offenlegung des Bibelcodex"

Die Schrift "Die Offenbarung des Johannes" ist selbstverständlich nicht zufällig entstanden; sie ist eine vieldeutige Schrift – eine Geheimschrift. Die dramatischen Bildergeschichten sind nicht das Produkt von Wahn, Mutterkorn oder Albträumen, sondern wurden erschaffen, um uns zu zeigen, dass wir in einer gefälschten Welt, in einer Welt des Theaters, leben.

"Die Offenbarung des Johannes" ist mehr als nur eine faszinierende Lektüre. Das letzte Buch der Bibel liefert Informationen und Aussagen zum Ende der Welt (Ende der christlichen Ideologie) und zu dem, was danach kommt. Die Apokalypse ist voller Abstraktionen, Bilder, Metaphern, Redensarten, Symbolik, Zahlensymbolik und Weisheiten. Thomas B. Reichert hilft Ihnen, die letzten Seiten der Bibel, die die Menschheit gerade durchlebt, zu verstehen und somit ein grundlegendes Verständnis des Buches sowie der gesamten Bibel und der christlichen Ideologie zu erlangen.

Das zentrale Thema des letzten Buches der Bibel ist die Geschichte des Christentums und dessen Aufklärung. Es handelt vom Kampf zwischen Dunkelheit (Lüge, Zensur, Betrug ...) und Licht (Aufklärung, Wissen, Weisheit ...). Selbstverständlich ist es auch die Geschichte der Menschheit sowie aller Religionen, vom Anfang bis zur Endzeit, dem Weltgericht und darüber hinaus, bis zur Neuen Welt. Die Neue Welt ist eine Welt ohne logisch konstruierte Irrlehren (Glauben) und deren hierarchische Sozialstrukturen (Kirchen).

Dieses Buch geht uns alle an; es handelt von Vergangenheit, Zukunft und unserer Gegenwart – uns Menschen. Es geht um Himmel und Erde, um Schönes und Hässliches, um Wahrheit und Lüge, um Weisheit und Dummheit, um Angst und Erlösung und erschafft somit ein riesiges Erstaunen über uns, die Menschheit.

Thomas B. Reichert öffnet für Sie das versiegelte Buch, sodass die darin enthaltenen Weisheiten und Bosheiten für jeden offenbart werden. Er nimmt kein Blatt vor den Mund und legt alles klar und deutlich offen, ohne jegliche Selbstzensur.

Das Ziel dieses Buches ist es, Wissen für alle greifbar zu machen und somit eine ehrlichere und gerechtere Welt zu erschaffen. Denn: Wissen ist Macht über den Nichtwissenden, doch wenn ein Nichtwissender Wissen erhält, wird er ein Wissender und hat somit Macht über sich selbst. Im Anhang des Buches wird der Bibelcode enthüllt.

Das Lamm entsiegelt die Offenbarung des Johannes – Aufklärung der Endzeit, Apokalypse, Weisheiten, Jüngstes Gericht ... und die Offenlegung des Bibelcodex

Autor: Thomas B. Reichert
Taschenbuch: 308 Seiten
ISBN-13: 978-3757801229

„Warum leben wir immer noch in dieser Lüge?
Warum?"
Thomas B. Reichert